Friedrich Kolbe

Erzbischof Adalbert I. von Mainz und Heinrich V.

Friedrich Kolbe

Erzbischof Adalbert I. von Mainz und Heinrich V.

ISBN/EAN: 9783743334830

Hergestellt in Europa, USA, Kanada, Australien, Japan

Cover: Foto ©ninafisch / pixelio.de

Manufactured and distributed by brebook publishing software (www.brebook.com)

Friedrich Kolbe

Erzbischof Adalbert I. von Mainz und Heinrich V.

Erzbischof Adalbert I. von Mainz

und

Heinrich V.

Inaugural-Dissertation

zur Erlangung der philosophischen Doctorwürde an der Universität Heidelberg,

von

Erzbischof Adalbert I. von Mainz

und

Heinrich V.

Inhaltsverzeichniß.

I. Adalbert vor seiner Erhebung zum Erzbischof 9
II. Adalbert als Erzbischof. Sein Abfall von Heinrich V. und dessen Folgen 40
III. Adalbert im Kampfe gegen Heinrich V. . . 67

Anmerkung: Es liegt hier nur ein Bruchstück, nämlich die ersten drei Kapitel, der gegenwärtigen Arbeit vor. Vollständig habe ich die letztere in einer besonderen Schrift unter gleichem Titel (Heidelberg, Carl Winter's Universitätsbuchhandlung) erscheinen lassen, die noch ein viertes und fünftes Kapitel, sowie drei Excurse umfaßt.

Das Leben des Erzbischofs Adalbert ist schon mehrfach zum Gegenstande besonderer Bearbeitungen gemacht worden, und hat auch bei den Darstellern der Reichsgeschichte meistens eine eingehende Berücksichtigung gefunden, wie dies bei der Bedeutung des Mannes und seinem tiefen Eingreifen in die Zeitereignisse nicht anders möglich war. Gleichwohl glaube ich, keiner unnützen Arbeit mich zu unterziehen, wenn ich auf Grund der Quellen eine erneute Bearbeitung dieses Gegenstandes vornehme. Die neue Ausgabe des Codex Udalrici von Jaffé im fünften Bande seiner Bibliotheca rerum germanicarum, die vielen wichtigen Briefe und Actenstücke, die Jaffé ebendaselbst und im dritten Bande seiner Bibliotheca als Epistolae Bambergenses und Moguntinae in neuer gereinigter Gestalt herausgegeben hat, sind es neben dem Interesse für die hervorragende Persönlichkeit Adalberts besonders gewesen, die mich zu dieser Arbeit veranlaßt haben, da mir jene Quellen für die Geschichte Adalberts noch nicht genügend ausgebeutet erscheinen, und im Stande sind, manchen Zug des bisher angenommenen Bildes anders zu gestalten. Ich beschränke mich vorläufig auf denjenigen Theil von Adalberts Leben, der als ganz besonders zu seiner Characteristik geeignet und als der bewegteste und wechselvollste erscheint. Es enthält dieser Theil die Beziehungen Adalberts zu Heinrich V. und seine hochwichtige, den Ereignissen vielfach die Richtung gebende Thätigkeit im Investiturstreite. Den späteren Abschnitt unter Kaiser Lothar, der sich von jenem ersten scharf abscheidet, behalte ich einer besondern Darstellung vor.

Eine abgesonderte kritische Betrachtung der Quellen zur Geschichte Adalberts vorauf zu schicken, halte ich für überflüssig, da sich in Wattenbach's Geschichtsquellen und im dritten Bande von Giesebrechts Kaisergeschichte eingehende Characteristiken derselben finden. Wir besitzen nämlich specielle Quellen — abgesehen von Briefen, Urkunden und Actenstücken — über das Leben Adalberts nicht, sondern sind im Übrigen auf die Nachrichten der Annalen und Chroniken der Zeit hingewiesen. Dabei will ich bemerken, daß von gleichzeitigen Geschichtswerken hier besonders in Betracht kommen: vor allen Ekkehard's Weltchronik, die freilich vor dem Jahre 1120 Adalbert kein hervorragendes Interesse widmet, seitdem aber bis zum Tode Heinrichs V. ausführlicher und mit regerer Theilnahme über die Verhältnisse der Stadt Mainz und ihres Erzbischofs berichtet; — sodann die Paderborner Annalen, die uns zwar nur aus ihren Ableitungen, den Kölner und Hildesheimer Annalen, sowie dem Annalista Saxo bekannt sind, deren Wiederherstellung aber jüngst Scheffer-Boichorst unternommen hat[1]); sie finden sich am reichhaltigsten wieder gegeben in den Ann. Colonienses maximi, doch haben auch der sächsische und der Hildesheimer Annalist einzelne wichtige Thatsachen allein aufbewahrt. Der Paderborner Mönch beweist, wie schon das Suffraganverhältniß des Bisthums zu Mainz mit sich brachte, für die Persönlichkeit des Erzbischofs Adalbert, wie für die in Mainz vorgehenden Ereignisse ein besonderes Interesse, und wir verdanken ihm manche wichtige Nachrichten über dieselben (s. Scheffer-Boichorst S. 31). — Ferner das Chronicon Sanpetrinum Erfurtense in seinem die Geschichte Heinrichs V. betreffenden Theile, welchen ich nicht für eine wörtliche Abschrift alter Erfurter Annalen, sondern mit Stübel für einen originalen noch zur Zeit Heinrichs V. begonnenen Bestandtheil der stückweise und allmählich entstandenen Chronik halte[2]). Diesen hat dann der Verfasser der Pegauer Annalen für die Zeit von 1115—1149 ziemlich wörtlich ausgeschrieben. Endlich bleibt noch die Fortsetzung der Gesta Treverorum zu erwähnen (vergl. dazu Excurs I.). — Von den der nächsten Folgezeit angehörenden Ge-

---

[1]) Annales Patherbrunnenses. Eine Quellenschrift des 12. Jahrhunderts, aus den Bruchstücken herausgegeben von P. Scheffer-Boichorst. 1870.
[2]) cf. Geschichtsquellen der preußischen Provinz Sachsen, Bd. I. Vorrede S. 1 ff.

schichtschreibern ist für uns der wichtigste Otto von Freising in seinem Chronicon und besonders im ersten Buche seiner Gesta Friderici imperatoris. Im Übrigen kommen als Quellen, wie schon erwähnt, die zahlreichen Briefe und Urkunden Adalberts wie seiner Zeitgenossen in Betracht, von denen die wichtigsten jetzt in Jaffé's Bibliotheca Band 3 und 5 (Monumenta Moguntina und Bambergensia) gedruckt sind, während sie vorher in zum Theil sehr verderbter Gestalt nur in den größeren Sammelwerken von Martene und Durand, Eccard, Mansi, Pez, u. s. w. zu benutzen waren.

Eine zeitgenössische Vita des berühmtesten aller Mainzer Erzbischöfe des Mittelalters besitzen wir leider nicht. In Mainz war man damals historischer Literatur nicht zugeneigt, sonst hätte eine so imponirende Gestalt wie die Adalberts nicht ohne verherrlichendes Denkmal bleiben können. Merkwürdig genug, daß sein unbedeutender Neffe und Nachfolger, Adalbert II., der nur drei Jahre regierte, in Anselm einen poetischen Biographen fand.

Neuere mir bekannt gewordene Monographien über Adalbert I. sind:

Huperz, De Adelberto archiepiscopo Moguntino. Monast. 1855. 8.

Gause im Jahresbericht der Luisenstädtischen Realschule in Berlin 1866. (4.)

Schall, Erzbischof Adalbert von Mainz. Mainz 1867. 4. (Programm).

Der im Jahr 1859 zu Coesfeld erschienenen Arbeit von Huperz über Adalberts Antheil am Investiturstreite habe ich nicht habhaft werden können.

An Hülfsmitteln benutzte ich besonders:

Stenzel, Geschichte Deutschlands unter den fränkischen Kaisern. 2 Bände.

Gervais, Politische Geschichte Deutschlands unter Heinrich V. und Lothar III. Bd. 1.

Giesebrecht, Geschichte der deutschen Kaiserzeit. Bd. 3.

Stumpf, Chronologisches Verzeichniß der Kaiserurkunden des 10., 11. und 12. Jahrhunderts[1]). Innspr. 1865—68.
Jaffé, Geschichte des deutschen Reichs unter Lothar dem Sachsen. Berlin 1843.
Werner, Der Dom von Mainz und seine Denkmäler. Thl. I. Mainz, 1827.
Schaab, Geschichte der Stadt Mainz. 4 Bde. Mainz 1841—55.
Joannis, Rerum Moguntiacarum scriptores. 3 voll. 1722—24.

Den größten Dank aber schulde ich meinen hochverehrten Lehrern, Herrn Professor G. Waitz in Göttingen und Herrn Professor W. Wattenbach in Heidelberg, welche durch ihre lebhafte Theilnahme in jeder Beziehung fördernd und anregend auf mich gewirkt haben. Beiden hochverehrten Männern meinen herzlichsten Dank hier auszusprechen, ist mir eine angenehme Pflicht. Ebenso bin ich dem Herrn Geh. Archivrath Dr. Grotefend. in Hannover für die werthvolle Auskunft, die derselbe mir mit großer Gefälligkeit ertheilt, zu lebhaftem Dank verpflichtet.

---

[1]) Die Urkunden Heinrichs V. habe ich nach dem vervollständigten Verzeichniß von II., 3 citirt.

I. Adalbert vor seiner Erhebung zum Erzbischof.

Ehe ich zur Lebensbeschreibung Adalberts selbst übergehe, will ich einige allgemeine Angaben über seine Familie und sonst damit Zusammenhängendes vorausschicken.

Adalbert gehört dem berühmten ardennischen Geschlechte der Grafen von Saarbrücken an,[1]) welche von der Luxemburgischen Linie der alten Grafen der Ardennen hergeleitet werden und im 11ten Jahrhundert als Gaugrafen des Saargaus erscheinen[2]). Als Stammvater dieses Geschlechts erscheint Sigebert I., der urkundlich zuerst i. J. 1036 erwähnt wird[3]). Das Schloß Saarbrück war i. J. 1065 noch in der Eigenschaft eines Reichslehens im Besitz des Herzogs Friedrich von Niederlothringen, wurde aber nach dessen noch in demselben Jahre erfolgtem Tode dem Grafen Sigebert vom Kaiser zu Lehn gegeben[4]). Im J. 1080 erhielt Sigebert auch das Gut Wadgassen vom Kaiser Heinrich IV. zum Geschenk, und dies weist darauf hin, daß er in dem ausgebrochenen Bürgerkriege zur kaiserlichen Partei gehalten hat. Auf ihn folgte Graf Sigehard, der Vater unseres Adalbert, der noch im J. 1118 als Zeuge in einer Urkunde seines Sohnes erscheint,[5])

---

[1]) Otto Frising. Gesta Frid. I. 21. (M. G. SS. XX., 362.)

[2]) Kremer, genealogische Geschichte des alten ardennischen Geschlechts, insbesondere des zu demselben gehörigen Hauses der ehemaligen Grafen zu Saarbrück. 1785. S. 9 ff. u. 117.

[3]) Kremer a. a. O. S. 11.

[4]) daf. S. 9 und 10, S. 288.

[5]) Bodmann. Rheingauische Alterthümer I, 120. Vergl. Chron. Laureshamense, (M. G. SS. XXI. 421.) Den Namen Sigebert giebt die Bestätigungsbulle des

sonst aber wenig hervortritt. Bekannter ist Sigehards Bruder, also der Oheim Adalberts, Abt Winther von Lorsch. Wie angesehen schon damals das Saarbrücken'sche Haus gewesen sein muß, läßt sich aus der Erzählung der Lorscher Chronik über den Abt Winther erkennen, wonach dieser die mächtige Stellung seines Hauses dazu gebraucht habe, um das Kloster zu schädigen und zu berauben, besonders auch seinem Bruder, dem Grafen Sigehard, die schönsten Besitzungen des Klosters auf dem Wege der Belehnung zuzuwenden [1]). Von diesem Winther werden überhaupt die übelsten Dinge erzählt: die Klosterchronik nennt ihn „non pastor, sed lupus", und wirft ihm vor, den Bischofssitz von Worms durch Simonie und auf Kosten des Klostervermögens erworben zu haben. Er wurde nämlich im J. 1085 oder 1086, nach der Vertreibung des päpstlich gesinnten Bischofs Adalbert von Worms, von Kaiser Heinrich IV. als Gegenbischof aufgestellt, konnte sich aber in den Stürmen des Bürgerkriegs nicht länger als drei Jahre in Worms behaupten.

Graf Sigehard hatte vier Söhne: Adalbert, dessen Leben ich im Folgenden schildern werde, Bruno, Sigebert und Friedrich. Bruno wurde wie sein Bruder Adalbert dem geistlichen Stande bestimmt, und war zuerst Mönch in Lorsch [2]); dann wurde er Abt des Benedictinerklosters Limburg, und im J. 1107, wohl durch den Einfluß seines Bruders, Bischof von Speyer, als welcher er zuerst in der Urkunde K. Heinrichs V. d. d. 25. Mai 1107 aufgeführt wird [3]). Er starb am 19. Oct. 1123 [4]). — Der dritte Sohn, Sigebert, begegnet uns mit seinem Bruder Friedrich zusammen als Zeuge in dem Freiheitsbriefe, den Erzbischof Adalbert den Mainzern ertheilte, und dann in dem Würzburger Bisthumsstreite als Abgesandter seines Bruders Adal-

---

Klosters Wadgassen durch Papst Alexander III. vom 11. April 1179, in welcher drei Grafen Sigebert aufgezählt werden. (Jaffé Reg. pontif. Nr. 8709.)

[1]) Chron. Lauresham. (M. G. XXI., 421.)
[2]) Kalendarium necrolog. Lauresham. bei Böhmer, Fontes III, 150.
[3]) Stumpf Nr. 3016.
[4]) Böhmer, Fontes III, 150. — Es kann daher auch die Urkunde Adalberts I. für das St. Petersstift in Mainz mit der Jahreszahl 1124 bei Joannis II, 463, in welcher Bruno als Zeuge erscheint, nicht richtig datirt sein; sie gehört wohl in das Jahr 1123.

bert an den Kaiser. Er wurde Stifter der Grafen von Wörd, welche die Landgraffchaft im unteren Elfaß erwarben[1]). — Der vierte Sohn Sigehards endlich, Friedrich, war es, der das Geschlecht der Grafen von Saarbrücken fortführte, und sich nach dem Stammschlosse der Familie benannte. Er war Vogt der Stifter St. Peter und St. Victor zu Mainz und muß spätestens im J. 1135 verstorben sein[2]); vor seinem Tode hatte er dem Kloster Wadgassen, der Saarbrücken'schen Familienstiftung, reiche Schenkungen gemacht. Graf Friedrich hatte von seiner Gemahlin Gisela drei Kinder: Simon, Adalbert und Agnes. Von diesen erhöhte besonders Agnes den Glanz ihres Hauses; sie wurde nämlich die Gemahlin Friedrichs von Stauffen, Herzogs von Schwaben, nachdem dessen erste Gemahlin Judith gestorben war[3]), und dadurch die Stiefmutter des Kaisers Friedrich I. Ihr Bruder, Adalbert, erhielt seinen Namen von dem mächtigen Oheim, der auf dem erzbischöflichen Stuhle von Mainz saß, dessen Nachfolger er dann später wurde. Von diesem jüngeren Adalbert II. besitzen wir eine interessante Biographie, von einem gewissen Anselm, — nach Jaffé dem Bischof Anselm von Havelberg, nach Wilmans dem Propste Anselm von Maria Stiegen — in Hexametern verfaßt[4]), nur erfahren wir leider über Adalbert I. nicht viel daraus. Nach dieser vita wurde der jüngere Adalbert von seinem Oheim sorgfältig erzogen und von ihm mit väterlicher Liebe behandelt. Als er zum Jüngling herangewachsen war, wurde er von dem Oheim behufs wissenschaftlicher Ausbildung auf Reisen geschickt. Durch die Munificenz des letzteren auf das reichlichste und kostbarste ausgerüstet, besuchte er die Schulen von Hildesheim, später die von Reims und Paris, und trieb dort besonders das Studium der Philosophie und Grammatik; zuletzt ging er nach Montpellier, um noch medicinischen Studien obzuliegen. Durch den Einfluß seines Oheims wurde er Propst des St. Marienstiftes zu Erfurt und des St. Peterstiftes zu Mainz[5]). Nach dem Tode Adalberts I. erlangte der jüngere

---

[1]) Kremer a. a. O. S. 122. Beyer, Mittelrh. Urkundenbuch I. S. LXV.
[2]) Kremer S. 291. Joannis II, 463 u. 580.
[3]) Otto Fris. Gesta Frid. I., 21. (M. G. XX., 362.)
[4]) cf. Jaffé III, 565 ff. Wattenbach, Geschichtsquellen S. 480.
[5]) Stumpf, Acta Maguntina S. 14. Chron. Sanpetrinum, ed. Stübel S. 18,

Adalbert, besonders in Folge der Bemühungen seines Schwagers, des Herzogs Friedrich von Schwaben, die Würde eines Erzbischofs von Mainz ¹). Adalbert II. bewies jedoch dem stauffischen Hause wenig Anhänglichkeit, er conspirirte mit den sächsischen Fürsten gegen König Konrad III., starb aber schon nach dreijähriger Regierung zu Erfurt am 17. Juli 1141 ²). — Der Stammhalter des Saarbrücken'schen Hauses war Graf Simon, der Bruder Adalberts II., der die Burggrafschaft in Worms und die Schirmvogtei über die Wormser Kirche erwarb ³). Er gerieth trotz seiner nahen Verwandtschaft mit dem Kaiser Friedrich I. in Fehde, welche damit endigte, daß das Stammschloß Saarbrück mit drei anderen Burgen des Grafen auf Befehl des Kaisers im J. 1168 zerstört wurde⁴). Graf Simon starb 1180, und sein Geschlecht blühte noch Jahrhunderte lang in verschiedenen Linien fort; der Zweig aber, der die Grafschaft Saarbrücken besaß, starb mit Simon III. im Jahr 1230 aus⁵).

Es sei schließlich noch erwähnt, daß das Saarbrücken'sche Haus auch mit den gräflichen Geschlechtern von Nassau, von Laurenburg und Eppenstein in verwandtschaftlichem Zusammenhange stand. So erwähnt Adalbert I. den Grafen Udalrich von Nassau und dessen Gemahlin Mechthild als seine Verwandten ⁶); — in verschiedenen Urkunden kommen die Brüder Arnold und Robert von Laurenburg vor, welche vom Erzbischof Adalbert ebenfalls als Verwandte genannt werden und mit ihm in lebhaftem Verkehr gestanden haben müssen ⁷). Endlich nennt sich Adalbert selbst einen Verwandten seines Vorgängers, des Erzbischofs Siegfried I. aus dem Hause Eppenstein⁸).

S. 18. Vita Adelberti bei Jaffé III, 570. Würdtwein, Dioec. Moguntina I, 334.

[1]) Otto Fris. Gesta Frid. I., 22. Ann. S. Disibodi (M. G. SS. XVII. 25.)
[2]) Ann. S. Disibodi z. J. 1141. Ann. S. Petri Erphesfurdenses (M. G. SS. XVI. 18.)
[3]) Schannat. Hist. episc. Wormat. II, 79 und 82.
[4]) Ann. S. Disibodi z. J. 1168.
[5]) Kremer a. a. O. S. 179.
[6]) Guden, Cod. diplom. I, 76.
[7]) Guden, I. 103. Würdtwein, Dioec. Mog. I, 334.
[8]) Joannis II. 644.

Soviel über das Geschlecht Adalbert's. Was den Namen unseres Helden betrifft, so kommt derselbe in verschiedenen Formen vor. Die erhaltenen Siegel haben in der Umschrift Adelbertus[1]), und dieselbe Schreibung begegnet uns in den meisten Urkunden; doch kommt häufig auch die Form Adalbertus vor; in den Kaiserurkunden findet man sehr häufig Albertus geschrieben, daneben auch Adilbertus.

Das Monogramm Adalberts ist bei Würdtwein, Diplomataria Moguntina II, 541 wiedergegeben. Abbildungen von zwei unter Adalbert geschlagenen Münzen findet man bei Joannis Tom. novus, auf der ersten Tafel zur Seeländer'schen Abhandlung über Mainzer Münzen; die eine der beiden Blechmünzen zeigt das Bildniß des Erzbischofs mit Umschrift, die andere das Bild des h. Martin, des Mainzer Schutzpatrons, aber mit dem Namen Adalberts in der Umschrift. — Außerdem zeigen verschiedene Siegelabbildungen sein Bildniß, besonders schön in der Eberbacher Urkunde bei Bär a. a. O.: der Erzbischof sitzt mit dem Pallium angethan auf einem mit Hundsköpfen verzierten Sessel, das Haupt unbedeckt, die Haare kraus, in der einen Hand den Krummstab, in der anderen ein aufgeschlagenes Buch haltend, in dem die Worte stehen: Pax vobis. Das Gesicht zeigt eine längliche Form.

Die Zeit, in die Adalberts erstes Auftreten fällt, war eine von den leidenschaftlichsten Kämpfen und den schroffsten Gegensätzen erfüllte, zwischen welchen eine Versöhnung nicht möglich schien. Lange Zeit hatte die Kirche den deutschen Kaisern als Mittel zur Erreichung politischer Zwecke dienstbar sein müssen; die mächtigen Herrscher des sächsischen und salischen Hauses hatten nicht allein die Besetzung der höchsten kirchlichen Würden an sich genommen und als ihr unbestrittenes Recht ausgeübt; sie hatten auch den Klerus in ihren Dienst gezogen und durch ihn ihr Reich regiert, sie hatten ihn in den künstlichen Bau des Lehnsstaates eingefügt und untrennbar mit demselben verbunden. Mächtig

---

[1]) s. die Siegelabbildungen bei Bär, Diplomat. Geschichte der Abtei Eberbach, herausgegeben von Rossel, Bd. I.; — bei Würdtwein Notitiae hist.-dipl. de abbatia Ilbenstadt, Titelblatt, und Nova subsid. diplom. II, Tafel IX.

und tief eingreifend schaltete besonders Heinrich III. auf dem kirchlichen Gebiete: dreimal hat er den Stuhl Petri besetzt und deutsche Bischöfe auf denselben erhoben. Die Besetzung der Bisthümer lag ohne Einschränkung in der Hand des Kaisers, und er übte sie nach Maßgabe der Interessen des Reichs, häufig auch nach persönlichem Belieben. Die canonisch vorgeschriebene Wahl der Bischöfe durch den Klerus und das Volk wurde immer mehr zu einer leeren, nichtsbedeutenden Form. Unauflöslich eng schien der Bund, den die Hierarchie mit der weltlichen Macht geschlossen hatte, denn beide Theile waren durch die mächtigsten Interessen auf einander angewiesen. Die Geistlichkeit bedurfte des Schutzes einer kräftigen äußeren Macht und fand zugleich den reichsten Gewinn für den Beistand, den sie ihrerseits den weltlichen Herrschern in ihren Bestrebungen leistete; wenn gleich der Klerus bisher die zweite Stelle eingenommen hatte, so lag doch die Regierung des Reiches in seinen Händen, und sein fortwährend anwachsender Besitzstand gab ihm eine glänzende fürstliche Machtstellung. Dagegen bedurften die weltlichen Herrscher der Geistlichkeit dringend zur Führung der Geschäfte, zur Förderung der Bildung.

Dieser Bund zwischen geistlicher und weltlicher Gewalt nahm ein Ende, als die Kirche innerlich erstarkt war und das Werk der Emancipation vom Staate in Angriff nahm. Nachdem durch das Wahldecret Nicolaus' II. der Einfluß der deutschen Könige auf die Papstwahlen für die Zukunft beseitigt war, begann Gregor VII. in dem günstigen Zeitpunkte, als in Deutschland das Königthum ohnmächtig darnieder lag, das große Werk der Kirchenreform. Unter den Maßregeln, die er zu diesem Zwecke ergriff, war die wichtigste, in alle Gebiete des staatlichen und kirchlichen Lebens am tiefsten einschneidende, das Verbot der Laieninvestitur, das zum ersten Male auf der großen römischen Synode im Februar 1075 vom römischen Stuhle verkündigt wurde. Wurde dieser Grundsatz ausgeführt, so war eine Revolution in den Macht- und Besitzverhältnissen vor allem des deutschen Reiches unausbleiblich. Die Bischöfe und Aebte, bisher die wichtigsten Stützen des Kaiserthums, die von den deutschen Herrschern die ausgedehntesten Besitzungen und hoheitliche Rechte empfangen hatten, und dadurch zu mächtigen Reichsfürsten geworden waren, wären dem Lehnsverbande des Reiches entzogen worden, und hätten in Wahrheit den Papst als ihren Lehnsherrn betrachten müssen. Denn wenn, wie Gregor VII. es wollte, die weltliche Gewalt jedes Einflusses auf die Besetzung der kirchlichen Würden beraubt wurde, wenn die freie Wahl und die päpstliche Investitur den Bischöfen auch die weltlichen vom Reiche herstammenden Fürstenrechte verleihen sollte, so hätte das Kaiserthum kein Mittel mehr in Händen gehabt, um die Kirchenfürsten zur Erfüllung ihrer Pflichten gegen das Reich zu zwingen, eine unabhängige fremde Macht hätte sich im Staate gebildet, neben welcher die Stellung der Krone in den Schatten getreten wäre. Auf diesem Wege wäre es zur völligen Herrschaft der Kirche auch über das weltliche Machtgebiet gekommen. Es war das Gebot der Selbsterhaltung, das Heinrich IV. trieb, den Kampf mit dem Papstthum aufzunehmen; kein von Selbstgefühl getragener Herrscher konnte es dulden, daß den Zufälligkeiten geistlicher Wahlen und dem Machtgebot des Papstes überlassen bleiben sollte, welche Männer die ersten Fürstenstühle des Reiches einnehmen sollten. Das Unglück Heinrichs IV. war es, daß er zu gleicher Zeit den Kampf mit der Opposition der weltlichen deutschen Fürsten aufnehmen mußte, die mit dem Papstthum verbündet die Fundamente der kaiserlichen Macht zu untergraben strebten; in diesem Doppelkampfe konnte er trotz aller Anstrengungen dauernde Erfolge nicht erringen.

Eine günstigere Stellung hatte Heinrich V. bei dem Antritte seiner Regierung: die Feinde des Vaters waren seine Verbündeten, und nur mit ihrer Hülfe hatte er den alten Kaiser gestürzt. Allgemein erwartete man von dem jungen Könige, der gegen Rom und den Klerus die devoteste Haltung bewies, daß er die Forderungen der Kirche bereitwillig erfüllen und einen dauernden Frieden zwischen geistlicher und weltlicher Gewalt herstellen würde. Heinrich zeigte auch die besten Absichten: er ließ im Anfang des Jahres 1106 den Papst Paschalis II. einladen, persönlich nach Deutschland zu kommen zur Ordnung des Verhältnisses zwischen Staat und Kirche[1]). Allein der Papst mißtraute den Gesinnungen des Königs und betrat den deutschen Boden nicht. Bald wurde offenbar, daß Heinrich V. zwar den Frieden wünschte,

---

[1]) Ekkehard z. J. 1106 (M. G. SS. VI, 231).

aber fest entschlossen war, kein Recht des Reiches preiszugeben, und besonders die Investitur der Bischöfe ungeschmälert für sich in Anspruch nahm. Er lenkte in die Politik seines Vaters ein, aber in schlauerer und gewaltsamerer Weise und unter günstigern Verhältnissen als dieser, und in Kurzem entbrannte der Investiturstreit, der schon beendigt schien, in neuer Heftigkeit, und zerrüttete noch ein Jahrzehnd lang das staatliche und kirchliche Leben, bis er endlich im Wormser Concordat seinen Abschluß fand.

Diese Periode ist es, in welcher die Persönlichkeit Adalberts von Mainz mächtig unter allen übrigen hervorragt durch den gewichtigen Antheil, den sie an allen bedeutenden Ereignissen genommen, durch den Einfluß, den sie auf die Gestaltung Jahrhunderte hindurch fortwirkender Verhältnisse geübt hat. Nächst Heinrich V. und Calixt II. zieht keine Gestalt in dem letzten Abschnitte des großen Investiturstreites die Aufmerksamkeit mehr auf sich als die seinige.

Das erste nachweisliche Auftreten Adalberts von Saarbrücken fällt in die Zeit des Kampfes zwischen Heinrich IV. und seinem Sohne Heinrich V. Ueber die Schicksale seiner Jugend ist uns leider keine Nachricht erhalten. Er trat, wahrscheinlich noch jung, in den geistlichen Stand wie auch sein Bruder Bruno, während die beiden anderen Brüder, Sigebert und Friedrich, die Erben der Saarbrücken'schen Besitzungen wurden. Der Klerus war damals der einzige Stand, in welchem Männer von politischem Ehrgeiz und höherer Bildung hoffen konnten, eine glänzende und einflußreiche Stellung im Staate zu erringen. Ein deutscher Bischof konnte ganz anders auf die großen politischen Angelegenheiten wirken, als dies selbst ein reich begüterter Graf vermochte. Daß es Adalbert an Ehrgeiz nicht gefehlt habe, dafür legt sein ganzes Leben einen vollgültigen Beweis ab, und auch die Urtheile seiner Zeitgenossen weisen darauf hin. Einem Manne, bei welchem allgemein seine Klugheit in weltlichen Dingen hervorgehoben wird, ja den Otto von Freising den schlausten aller Fürsten nennt [1]), kann man von vorn-

---

[1]) Otto Fris. Chron. VII, 21: „vir ad seculum prudens". — Gesta Friderici I., 13: „Alberto omnium illius temporis regni principum verbutissimo."

herein einen hohen Grad von Ehrgeiz zutrauen; der Verfasser der Petershäuser Chronik giebt geradezu diese Eigenschaft als das treibende Motiv des späteren Abfalls Adalbert's von Heinrich V. an [1]). Einstimmig sind aber alle Beurtheiler in der Anerkennung seiner ungewöhnlichen geistigen Begabung: während von hervorragenden Zügen sittlicher Güte nichts gemeldet wird, werden die geistige Ueberlegenheit, die Schlauheit seiner Pläne, die natürliche Beredsamkeit an ihm gepriesen [2]). Im Uebrigen freilich ist sein Character auf die verschiedenste Weise beurtheilt worden, wie dies in den Zeiten erbitterter Kämpfe und Gegensätze nicht anders möglich war.

Urkundlich begegnet uns Adalbert zum ersten Male im J. 1106, und zwar erscheint er in einer Urkunde des Bischofs Adalbert von Worms als Propst des St. Cyriaks-Klosters zu Neuhausen bei Worms, und zugleich als Kanzler des Königs Heinrich V. [3]). Es ist wohl anzunehmen, daß Adalbert, ehe er zum Kanzler erhoben wurde, vorher sich einige Zeit in der königlichen Kanzlei ausgebildet hat und hier in die Geschäftsführung eingeweiht worden ist. Die Propstei aber wird ihm durch königliche Verleihung zu Theil geworden sein, um ihm eine ansehnlichere Stellung zu verschaffen. Jedenfalls ist Adalbert rasch zur Würde eines Kanzlers emporgestiegen und muß sich früh das besondere Vertrauen seines königlichen Herrn erworben haben; denn schon in einer Urkunde Heinrich's V. vom 14. Februar 1106 [4]), der ersten, die von

---

[1]) Casus monast. Petrishus. III, 43. (M. G. SS. XX. 659.)

[2]) Chron. Sanpetrinum, ed. Stübel 18. Ekkehard 256: vir eloquens. Vita Adelberti II, v. 159, (Jaffé III, 573), vergl. auch Cosmas Pragensis III, 53 (M. G. SS. IX, 126).

[3]) Schannat, Hist. episcopatus Wormatiensis I, 110. Die Urkunde d. d. Aachen, 13. August 1103, Stumpf Nr. 3006, in der Adalbert bereits als Kanzler Heinrich's V. auftritt, ist nach Stumpf stark verdächtig, und gehört, wenn sie überhaupt echt ist, ins J. 1106. — Nach Schannat I, 96 wäre Adalbert auch Domherr in Worms gewesen, aber diese Angabe ist durch keine Urkunde beglaubigt. Möglich ist, daß der Adalbert, der als Propst von Worms (praepositus civitatis) in der Urkunde Friedrich's von Schwaben bei Schannat II, 61 erwähnt wird, identisch mit dem unsrigen wäre; dann wäre diese Urkunde in das J. 1104 oder 1105 zu setzen.

[4]) Ausgestellt zu Speyer für die Abtei Sennones-en-Vosges; Stumpf Nr. 3007.

Adalbert recognoscirt ist, wird die Intervention „Adelberti nostri dilecti cancellarii" erwähnt. Welchen Einfluß er in dem Thronstreite zwischen Vater und Sohn auf die Politik des letzteren geübt hat, ist nicht überliefert. Erst in der nächsten Folgezeit tritt sein Einfluß in den Vordergrund, und wurde er das eigentliche Werkzeug zur Ausführung der politischen Pläne Heinrich's V. Der König selbst hat bezeugt, daß das Verhältniß zwischen ihm und seinem Kanzler das intimste, auf dem höchsten persönlichen Vertrauen beruhende war [1]).

Heinrich V. hatte durch die Hülfe der päpstlichen Partei und der einflußreichsten deutschen Fürsten den Sturz seines Vaters herbeigeführt. Es war sehr natürlich, daß er trotz seines herrischen unbotmäßigen Charakters in eine gewisse Abhängigkeit von diesen beiden mächtigen Bundesgenossen gerieth. Der Kirche gegenüber befliß er sich in der ersten Zeit seiner Regierung der größten Demuth, und wie sein Verhältniß zu den Fürsten damals war, zeigen die hochmüthigen Worte, die Erzbischof Ruthard von Mainz bei Uebergabe der königlichen Insignien an ihn richtete [2]). Nach dem Tode Heinrich's IV. mußte die Stellung des Königs freier werden; die Fürsten jedoch waren nicht gewillt, auf ihren Einfluß und Antheil am Reichsregimente, den sie sich in den langen bürgerlichen Kämpfen erworben hatten, zu verzichten, und es mußte ihnen vor allen daran liegen, bei der Lösung des Investiturstreites ihre Interessen gewahrt zu sehen. Sie setzten daher dem Könige einen ständigen politischen Rathgeber und Vertreter ihrer Interessen zur Seite, in der Person des Erzbischofs Bruno von Trier [3]). Offenbar war Heinrich nicht in der Lage, sich dem fürstlichen Einflusse schon jetzt zu entziehen, da noch die Verhältnisse mit der römischen Curie ungelöst waren, und die Gefährlichkeit eines Kampfes mit den mächtigen Großen an dem Beispiele seines Vaters noch vor aller Augen stand.

---

[1]) Manifest Heinrich's bei Giesebrecht III, 1239: totum cum illo, nil sine illo disposuimus; secretorum regni conscius, nullius consilii inscius.

[2]) Si non justus regni gubernator exstitisset et ecclesiarum Dei defensator, ut ei sicut patri suo evenisset. — Ann. Hildesheimenses (M. G. SS. III. 10).

[3]) Gesta Trevirorum, cont. c. 19 (M. G. SS. VIII, 193). S. über die Bedeutung dieser Stelle den ersten Excurs.

Er fügte sich daher, und überließ es den Umständen, eine Befreiung von diesen Einflüssen herbeizuführen. Bruno war überdies nicht der Mann, um die Rolle zu spielen, die einst Anno von Köln als Vertreter der Fürsten Heinrich IV. gegenüber gespielt hatte, und an die Durch= führung einer solchen Rolle wäre bei dem Charakter Heinrich's V. auch nicht zu denken gewesen. Der Erzbischof besaß gefällige Formen, war fein gebildet, und ein gewandter Redner¹), und scheint überhaupt eine vermittelnde Natur gewesen zu sein, die es in dem großen Investitur= streite mit keiner Partei verderben wollte²). Auch war er kein kirch= licher Zelot aus der Schule Gregor's VII., er hat vielmehr bei ver= schiedenen Gelegenheiten die Rechte des Kaisers und des Reiches eifrig vertheidigt. Er hatte bereits an der Spitze der Gesandtschaft gestanden, die dem Papste die Ergebenheitsversicherungen des Königs und die Ein= ladung nach Deutschland zu kommen, überbringen sollte³). — Bruno scheint sich das Vertrauen Heinrich's V. erworben, und in der ersten Zeit von dessen Regierung eine bedeutende politische Stellung eingenom= men zu haben. Aber schon in der nächsten Zeit sollte es sich erweisen, daß der persönliche Vertraute des Königs nicht Bruno, sondern Adal= bert war.

Zwischen diesen beiden Männern muß es früh zu einem Gegen= satze gekommen sein: es läßt sich denken, daß Erzbischof Bruno mit Mißbehagen auf den jungen Emporkömmling herabsah, dessen Einfluß fortwährend im Wachsen war. Andrerseits scheint auch Adalbert gegen den Erzbischof gearbeitet und intriguirt zu haben, und so wurde ihre Stellung die zweier feindlicher Nebenbuhler, von denen schließlich der eine weichen mußte⁴).

Papst Paschalis II. hatte sich, nachdem er den Gedanken, in Deutsch= land selbst den Investiturstreit zu schlichten, aufgegeben, nach Frankreich

---

¹) Sugerii Vita Ludovici Grossi c. 9. bei Duchesne, Hist. Franc. Script. IV, 289.
²) Gesta Trev. Cont. c. 19. S. 193. — S. auch den Brief Kuno's v. Präneste bei Brower, Antiquit. et annales Trevirenses II, 15.
³) Ekkehard z. J. 1106.
⁴) Gesta Trev.: Adelberti detractionibus exasperatus (sc. Bruno). S. auch Suger a. a. O.

gewandt, um von hier aus im Schutze eines der Kirche ergebenen Königs und Volkes die Verhandlungen mit dem deutschen König zu führen. Er berief auf den 23. Mai 1107 ein allgemeines Concil nach Troyes. Heinrich V. brach im Mai mit einem großen Gefolge von Fürsten nach Lothringen auf, um während der Verhandlungen in der Nähe des Papstes zu sein und nach einem günstigen Ausfalle derselben auf einer persönlichen Zusammenkunft mit Paschalis den Frieden zu sanctioniren. Zunächst ordnete er eine Gesandtschaft von Fürsten an den Papst ab, an deren Spitze Erzbischof Bruno von Trier stand, und an welcher außerdem die Bischöfe Otto von Bamberg, Reinhard von Halberstadt, Burchard von Münster und Erlung von Würzburg, die Herzöge Welf von Bayern und Berthold von Zähringen, die Grafen Herrmann von Winzenburg und Wiprecht von Groitsch Theil nahmen [1]). Beigeordnet war dieser Gesandtschaft in wichtiger Stellung der Kanzler Adalbert, aber wie es scheint nicht als officielles Mitglied, sondern als der Träger des königlichen Vertrauens, der die Aufgabe hatte, die persönlichen Intentionen des Königs zur Geltung zu bringen, wahrscheinlich auch mit geheimen Instructionen und Vollmachten versehen für den Fall, daß sein Eingreifen in den Gang der Verhandlungen nöthig würde. Der König selbst hielt sich während dieser Zeit, umgeben von einem Heere, zwischen Verdun und Metz auf [2]).

Die Gesandten nahmen ihren Weg nach Chalons, wo der Papst sich befand; bevor sie dort einzogen, fanden sie in der nahen Abtei St. Menge gastfreundliche Aufnahme. Hier blieb Adalbert, der bis dahin die Gesandtschaft begleitet hatte, zurück, und ließ die Fürsten allein weiter ziehen [3]), um den Zeitpunkt abzuwarten, in welchem seine Intervention erforderlich werden würde. Suger, der berühmte spätere Abt von St. Denys, der damals in Chalons gegenwärtig war, entwirft ein sehr lebendiges Bild von den Verhandlungen, die zwischen

---

[1]) Vergl. Suger's Vita Ludovici Grossi, c. 9 bei Duchesne IV, 288 ff., die Paderborner Annalen in den Ann. Colonienses Max. (M. G. SS. XVII, 746) und den Ann. Hildeshimenses (M. G. SS. III, 111); Ekkehard, 242.

[2]) Ann. Hildesheim. 111; Gesta abbatum Trudonensium VI, 23.

[3]) Suger a. a. O. Legati .... cum apud Sanctum Memmium hospitia suscepissent relicto inibi cancellario Alberto etc.

dem Papste und den deutschen Gesandten geführt wurden. Mit großem Gepränge hielten die letzteren ihren Einzug in die Stadt und traten sehr selbstbewußt und energisch auf, so daß es den Franzosen schien, sie seien mehr gekommen um einzuschüchtern, als gütlich zu verhandeln; besonders erregte der riesige Herzog Welf mit seinen plumpen Manieren Anstoß. Dagegen war der feine und gewandte, der französischen Sprache kundige Erzbischof Bruno von Trier der richtige Mann für diplomatische Verhandlungen, und er führte auch bei den Erörterungen mit den päpstlichen Abgeordneten das Wort. Er setzte aus einander: Schon seit den Zeiten Gregor's des Großen sei es Rechtens, daß vor jeder Bischofswahl Anfrage beim Könige gehalten werde, ob ihm der in Aussicht genommene Candidat genehm sei. Erst nachdem dies bejaht worden, könne die ordnungsmäßige Wahl und Weihe stattfinden; darauf müsse der Gewählte, um die Regalien zu empfangen, sich vom Könige mit Ring und Stab investiren lassen, und ihm den Huldigungs= und Lehns= eid leisten; denn anders könne er Rechte des Reiches nicht besitzen. Wenn der Papst dies anerkenne, so werde der Friede zwischen Reich und Kirche hergestellt werden [1]). Das Recht, auf diese Weise die Bi= schöfe einzusetzen, sei durch päpstliche Privilegien ausdrücklich Kaiser Karl dem Großen eingeräumt worden [2]). Darauf ließ der Papst erwidern: Durch einen solchen Zustand werde die Knechtschaft der Kirche herbeige= führt. Die Investitur mit Ring und Stab sei ein heiliges Recht der Kirche, und die geistliche Würde dulde nicht, daß Cleriker den Lehns= eid in die blutbefleckten Hände von Laien ableisteten. — Diese Bot= schaft rief einen Sturm der Entrüstung unter den Gesandten hervor, und sie äußerten drohend: nicht hier, sondern in Rom mit dem Schwerte werde der Streit entschieden werden [3]).

Bemerkenswerth ist, mit welcher Entschiedenheit die Fürsten bei dieser Gelegenheit für die Rechte des Reiches eintraten; hier waren sie in völliger Uebereinstimmung mit dem Könige. Aber ihre schroffe Hal=

---

[1]) Suger a. a. O.
[2]) Ekkehard. M. G. SS. VI, 241.
[3]) Suger: legati theutonico impetu frendentes tumultuabant, et si tuto auderent, convitia eructuarent, injuriis inferrent. „Non hic" inquiunt, „sed Romae gladiis determinabitur querela."

tung führte auch den schnellen Abbruch der Verhandlungen herbei. Der Papst, der einsah, daß er mit ihnen nicht zum Ziele komme, schlug einen directeren Weg ein, und sandte mehrere seiner Vertrauten nach der Abtei des h. Memmius, um mit dem Manne eine Verständigung zu suchen, der, wie jedermann wußte, dem Herzen des Königs am nächsten stand [1]). Mit Adalbert, hoffte der Papst, werde eine verständige und freundliche Erörterung möglich sein, bei der beide Theile ruhig ihre Forderungen anhören und darüber verhandeln könnten; zugleich ließ er den Kanzler dringend bitten, zur Herstellung des Friedens behülflich zu sein [2]). — Hätte Adalbert die Hand dazu geboten, im Sinne der päpstlichen Ansprüche den Abschluß des Investiturstreites herbeizuführen, so würde ein glänzender Lohn nicht ausgeblieben sein; aber er wird mit seinem scharfen Verstande erkannt haben, daß an einen solchen Ausgang bei der Stimmung des Königs und der Fürsten nicht zu denken war, und jedenfalls war auch er selbst mit den Ansichten Heinrich's V. ganz in Uebereinstimmung. So führten denn auch die Verhandlungen mit Adalbert zu keiner Annäherung. Der König ließ schließlich erklären, er werde in einem fremden Reiche keine Entscheidung über die Investiturfrage dulden, zumal da er im Begriff stehe, die Kaiserwürde zu gewinnen [3]). Der Papst lenkte ein und bestimmte auf dem nun folgenden Concil von Troyes das ganze nächste Jahr als Frist für den Zug des Königs nach Rom; hier solle dann auf einem allgemeinen Concil die Entscheidung über die streitigen Fragen erfolgen. Das Verbot der Laieninvestitur erneuerte jedoch Paschalis nichtsdestoweniger auch in Troyes [4]).

König Heinrich wandte sich jetzt nach Deutschland zurück und war am 25. Mai 1107 mit Adalbert und den Mitgliedern der Gesandtschaft von Chalons zusammen in Metz [5]), um von dort seinen Weg

---

[1]) Alberto, cujus oris et cordis unanimitate ipse imperator agebat ... Suger a. a. O.

[2]) Verum papa quamplures viros approbatos et peritos ad cancellarium misit, qui eum super his composite et placide convenirent, et audirentur et audirent, et ad pacem regni eum operam dare adnixe exorarent. (Suger.)

[3]) Ekkehard 242.

[4]) Annalista Saxo. M. G. SS. VI, 745.

[5]) Stumpf 3016.

an den Rhein und nach Sachsen zu nehmen. Adalbert war, wie das schon sein Amt als Kanzler mit sich brachte, und wie die Recognitionen in den Urkunden wahrscheinlich machen, beständig in der Umgebung des Königs, und durch seine Hände gingen alle politischen und rechtlichen Geschäfte. Er begleitete seinen Herrn auch auf dem Feldzuge gegen den Grafen Robert von Flandern, der im November 1107 unternommen wurde und schon um die Mitte des Dezember erfolgreich beendet war. Vor dem 23. Dezember war man bereits wieder in Lüttich [1]), und hier spielte sich ein Handel ab, in den auch Adalbert, und zwar in nicht sehr glücklicher Weise, verwickelt war. Es war der hartnäckige Streit, der sich in dem belgischen Kloster St. Trond entsponnen hatte, und der uns von einem der Hauptbetheiligten, dem Abte Rudolf, in höchst anschaulicher und eingehender Weise in der Klosterchronik von St. Trond geschildert ist [2]). Freilich ist diese Schilderung nur eine einseitige, deren Angaben wir durch keine andere Quelle kontrolliren können; aber im Ganzen macht sie den Eindruck zuverlässiger Wahrheit. Nach Rudolf's Erzählung hatte schon bei Lebzeiten des Abtes Theoderich, der die strenge Cluniacenser-Regel im Kloster eingeführt hatte, ein Mönch Namens Herrmann sich unter dem Beistande des Herzogs von Limburg der Abtei gewaltsam bemächtigt und sie unter dem Deckmantel seiner usurpirten Würde fast aller ihrer Schätze beraubt, war dann aber vom Bischof von Lüttich excommunicirt und endlich gezwungen worden, zu weichen. Nach dem am 25. April 1107 erfolgten Tode des Abtes Theoderich wählten die Brüder ihren Prior Rudolf, den Erzähler dieser Begebenheiten, zum Abt. Jenem Herrmann aber war es, wie Rudolf berichtet, durch die Hülfe einiger am Hofe verkehrender Freunde gelungen, den Kanzler Adalbert und durch diesen den König für seine Sache zu gewinnen, und die beiden letzteren seiner Restitution in die Abtswürde geneigt zu machen [3]). Nach Rudolf wäre jedoch die Sach-

---

[1]) Stumpf 3021. Gesta abb. Trudon. VII, 13.
[2]) Gesta abbatum Trudonensium Lib. I—VII. (M. G. SS. X, 213 ff.)
[3]) Herimannus etiam per quosdam complices et in curia regis aliquantum familiares conciliavit sibi animum cancellarii regis Adelberti nomine .. et per ipsum regem, habens eos fidos adjutores de sua restitutione (a. a. O. S. 263).

lage dem König und seinem Kanzler falsch dargestellt worden, und hätten dieselben sich durch die lügnerischen Berichte der Gönner Herrmann's täuschen lassen. Wie weit diese Angabe richtig ist, läßt sich freilich nicht feststellen; aber das ist mit Sicherheit anzunehmen, daß jene Gönner Herrmann's seine Excommunication durch den Bischof von Lüttich und deren Ursachen verschwiegen haben werden; denn für den Plan, einen Gebannten als Abt einzusetzen, hätte man schwerlich die Zustimmung Adalbert's gewonnen. — Genug, der König und sein Kanzler ließen an die Bischöfe von Metz und Lüttich die Aufforderung ergehen, den Herrmann in die Abtei zurückzuführen und ihm keine Hindernisse weiter in den Weg zu legen[1]). Der Bischof Otbert von Lüttich wagte keinen Widerstand gegen diese Befehle, und so wurde Herrmann von dem Vogte des Klosters, dem Grafen Giselbert von Duraz, und den Abgesandten des Königs als Abt nach St. Trond zurückgeführt. Dabei beruhigten sich freilich die Mönche nicht; der Zwist im Kloster dauerte fort, und Rudolf, der von den Brüdern gewählte Abt, hielt es schließlich für gerathen, dasselbe zu verlassen, nachdem er auch den Bischof von Metz vergeblich um Beistand angerufen hatte.

Als nun König Heinrich von seinem flandrischen Zuge im Dezember 1107 in Lüttich anlangte, erhoben die Mönche von St. Trond bei ihm Klage gegen den ihnen aufgedrungenen Abt. Der König setzte sogleich den folgenden Tag zur Verhandlung der Sache an, und berief dazu die mit ihm ausgezogenen Bischöfe und Fürsten sowie die Geistlichkeit von Lüttich. In der Kirche des h. Lambert wurde im Beisein des ganzen Hofes feierlich vom Könige Gericht gehalten; an der Seite Heinrich's saß der Kanzler Adalbert. Der Bischof Otbert von Lüttich referirte der Versammlung die ganze ärgerliche Vorgeschichte Herrmann's und gab sein Votum dahin ab, derselbe dürfe nicht länger Abt bleiben; seine Angaben wurden vom Lüttischer Clerus bestätigt. Herrmann erhielt darauf vom Könige den Befehl, abzutreten und sich seine Vertheidigung zu überlegen. Für den Angeklagten erhob sich in der Ver-

---

[1]) Restitui eum in abbatia nostra per litteras et missaticos suos Metensi et Leodiensi episcopo preceperant; und nachher: nuntios imperatoris . . . . viva voce episcopo precipientes, ut Herimanno ultra molestus de abbatia nostra non existeret (a. a. O. S. 264).

sammlung nicht eine einzige Stimme, selbst sein Gönner Adalbert, dem er seine Einsetzung verdankte, sprach kein Wort der Vertheidigung für ihn. Der Kanzler befand sich, wie Rudolf erzählt, sichtlich in größter Verlegenheit, da er seinen Schützling gern unterstützt hätte und doch den vorgebrachten Thatsachen gegenüber nichts einwenden konnte [1]). Der Angeklagte aber wagte gar keine Vertheidigung, sondern gestand auf Zureden einiger Geistlichen vor der Versammlung seine Schuld ein, bat um Verzeihung und gelobte Besserung. Der schon vorher gewählte Rudolf kehrte dann als rechtmäßig anerkannter Abt nach St. Trond zurück.

Die nächste größere Unternehmung Heinrich's V. war gegen Ungarn gerichtet; auch auf diesem Feldzuge, der im Herbste des J. 1108 statt= fand, finden wir Adalbert in der Begleitung des Königs [2]). Im An= fang des folgenden Jahres hielt sich der Hof eine Zeit lang in Lüttich auf, und diesem Aufenthalte gehören zwei Königsurkunden an, die des= halb Beachtung verdienen, weil Adalbert in ihnen als Propst des St. Servatiusstiftes zu Mastricht genannt wird. [3]) Auch diese Stellung wird derselbe der Gunst des Königs zu verdanken gehabt haben, natür= lich ohne jemals die Functionen des Amtes auszuüben. Jedoch sorgte Adalbert für den Vortheil des Stiftes; denn er wirkte demselben die Bestätigung seiner Rechte und die Schenkung eines Gutes beim Könige aus, worüber jene beiden Urkunden ausgestellt wurden [4]).

Noch in demselben Jahre fand sich für Heinrich V. eine Gelegen= heit, seinem Kanzler eine glänzende äußere Anerkennung seiner Verdienste zu Theil werden zu lassen. Am 2. Mai 1109 war der Erzbischof Ruthard von Mainz gestorben [5]); zu seinem Nachfolger designirte der

---

[1]) Sedebat juxta imperatorem fautor Herimanni . . Adelbertus, con- fusus nimium, quia cum vellet, contra veritatem non poterat juvare eum. (Gest. 271.)

[2]) Stumpf 3031 und 3032.

[3]) Stumpf 3034 und 3215.

[4]) „interventu fidelis nostri Adelberti cancellarii et prepositi ecclesie sancti Servatii in Trajecto", wie es heißt (Böhmer, Acta imperii Nr. 75.)

[5]) Kalend. necrol. ecclesiae metropolit. Moguntinae bei Böhmer, Fontes III, 141 und Jaffé III, 725. — Gause S. 8 gibt irrthümlich Ende April an, wahrscheinlich nach Guden oder Stenzel.

König Adalbert [1]). Durch diesen Akt bewies Heinrich V. aufs Neue, wie wenig er daran dachte, seine Herrschaftsrechte über die deutsche Kirche aufzugeben, andrerseits zeigte er, wie hoch er die Verdienste seines Kanzlers schätzte. Die Wahl Adalbert's durch die Mainzer Kirche, die nach der Designation des Königs allerdings thatsächlich nur die Bedeutung einer bloßen Formalität hatte, ist wahrscheinlich bald nachher vorgenommen worden [2]). Die Investitur mit Ring und Stab aber wurde erst zwei Jahre später, nach der Rückkehr aus Italien, vom Könige vollzogen, und so geschah es, daß der erzbischöfliche Stuhl von Mainz über zwei Jahre unbesetzt blieb. Denn als designirter oder gewählter, aber noch nicht investirter und geweihter Erzbischof hatte Adalbert erst die Stellung eines Candidaten zu jener Würde erlangt; vor vollzogener Investitur konnte er weder fürstliche noch bischöfliche Rechte ausüben. Auch führte er bis zu diesem Acte noch nicht den

---

[1]) Ann. Corbejenses (M. G. SS. III, 7). Ann. S. Disibodi (M. G. SS. XVII, 20). Chron. Sanpetrinum (Geschichtsquellen der preußischen Provinz Sachsen I, 15).

[2]) Damit scheint im Widerspruch die Angabe der Paderborner Annalen (Ann. Col. Max., Ann. Hildesh. und Ann. Saxo) zum J. 1111 zu stehen: In assumptione s. Mariae apud Mogontiam Athelbertus . . . . praesente rege et consentiente, unanimi aecclesiae electione Mogontinus archiepiscopus constituitur. Danach hätte die canonische Wahl Adalbert's erst am 15. August 1111, unmittelbar vor der Investitur stattgefunden. Eine solche Verzögerung der Wahl müßte höchst auffallend erscheinen, und man könnte dahinter eine Renitenz des Wahlclerus gegen den Willen des Königs vermuthen. Allein trotz der Bestimmtheit ihrer Angabe irren diesmal die sonst über Mainzer Dinge gut unterrichteten Paderborner Annalen, oder sie gebrauchen einen ungenauen Ausdruck. Denn daß Adalbert spätestens im J. 1110, wenn nicht früher, gewählt sein muß, geht aus der Urkunde bei Stumpf Nr. 3044 vom 27. December dieses Jahres hervor, die vom Bischof Burchard von Münster recognoscirt ist „vice Adelberti Moguntinae sedis electi." Diese Bezeichnung ist fast in allen italienischen Urkunden des J. 1111 stehend, und man kann annehmen, daß der Kanzler Burchard den correcten Ausdruck gebraucht haben wird. Bestätigt wird dies durch Ekkehard, der zum J. 1111 Adalbert „dudum ad eandem kathedram electum" nennt. Die Angabe der Paderborner Annalen könnte nur gerettet werden, wenn man annähme, daß ein zweimaliger Wahlact stattgefunden hätte, was nicht unmöglich ist, da vielleicht die erste Wahl nicht mit Einstimmigkeit oder unter Widerspruch erfolgte, und eine neue tadelsfreie Wahl für nöthig befunden wurde, die natürlich unter dem Drucke der Gegenwart des Königs Einstimmigkeit ergab.

Titel eines Erzbischofs, oder wenigstens nur mit einer Einschränkung: er konnte sich nur archiepiscopus designatus oder electus nennen. Ebensowenig führte Adalbert vor seiner Investitur den Titel eines Erzkanzlers für Deutschland, der dem Erzbischof von Mainz zukam. Er recognoscirte auch nach seiner Designation die königlichen Urkunden nur als Kanzler, jedoch ohne Erwähnung der Stellvertretung für den Erzkanzler; einige Male zeichnete er auch „in Stellvertretung der Mainzer Kirche, die das Erzkanzleramt inne hat"[1]). Der König erwähnt in einer Urkunde des J. 1110 die Verwendung „seines geliebten Kanzlers Adalbert" ohne Beifügung des erzbischöflichen Titels[2]). In den Verträgen endlich, die im J. 1111 mit dem Papste geschlossen wurden, figurirt Adalbert stets nur als einfacher Kanzler, und zwar folgt sein Name denen aller übrigen Bischöfe. Daraus erhellt deutlich, daß Adalbert auch nach seiner Designation zum Erzbischof vorläufig ganz seinen früheren Rang und seine alte Stellung beibehielt, den Fürsten und Erzbischöfen noch nicht beigezählt wurde und somit eine eigenthümliche Zwischenstellung erhielt, die durch ihre mehrjährige Dauer noch merkwürdiger wird.

Einem Manne, der in so seltener und auffallender Weise von der Gunst des Königs emporgehoben wurde, konnte es an Gegnern und Neidern nicht fehlen. Die Ernennung Adalbert's zum Erzbischof rief in weiten Kreisen Groll und Unmuth hervor, und Heinrich V. versicherte später, er werde von der ganzen Welt laut angeklagt wegen der unerhörten Begünstigungen, mit denen er seinen Kanzler überhäuft habe[3]). Damals kümmerte sich freilich der König nicht um den Widerspruch, der gegen die Erhebung seines Günstlings laut wurde; erst später, als seine Gesinnungen sich verändert hatten, hat er daran erinnert, um den Haß gegen den früheren Freund zu beleben. — Neben dem glänzenden Gestirne Adalbert's mußten alle anderen am Hofe er-

---

[1]) z. B. Stumpf 3038.
[2]) Stumpf 3059.
[3]) Manifest Heinrich's: multo multorum rancore tamen intronizavimus — und: qualem et quantum de paupere principem fecerim, non alicui incognitum personarum, sed ipse totus in me clamat orbis terrarum.

bleichen. Erzbischof Bruno von Trier, der als Vertreter der Fürsten den größten Einfluß beim König beanspruchen durfte, sah sich durch seinen jungen Rivalen mehr und mehr in den Schatten gestellt und, wie berichtet wird, überdrüssig der Ränke Adalbert's, legte er den ihm gewordenen Auftrag in die Hände der Fürsten zurück [1]). Wann dies geschehen, ob die Erhebung Adalbert's zum Erzbischof den Anlaß dazu gegeben, läßt sich nicht bestimmen. Doch ist der Groll Bruno's keinesfalls von langer Dauer gewesen; noch im J. 1109 ließ er sich mit seinem Nebenbuhler zusammen vom Könige als Gesandten nach Rom schicken.

Die Stellung Adalbert's war auch schon vor der Erlangung seiner neuen Würde von der höchsten Bedeutung und dem weitgreifendsten Einflusse gewesen. Darin stimmen alle Zeitgenossen überein, indem sie ihn als den berühmtesten aller Kanzler, der alle seine Vorgänger überstrahle, und den mächtigsten Mann am Hofe bezeichnen, dessen Einfluß beim Könige alles vermöge, ohne dessen Beirath derselbe nichts unternehme [2]). Schon bei der Erzählung der Gesandtschaftsreise nach Chalons characterisirt der Franzose Suger Adalbert's Verhältniß zu Heinrich V. mit den Worten: er sei mit dem Könige ein Herz und eine Seele [3]). Nach Heinrich's eigener Versicherung darf man annehmen, daß das Band enger persönlicher Freundschaft den König mit seinem Kanzler verknüpft habe: nicht allein zum Zweiten im Reiche, sondern auch zur Hälfte seiner Seele habe er Adalbert gemacht, versicherte der König später [4]). Weit über die gewöhnlichen Befugnisse eines Kanzlers hinaus wurde seine Stellung erhoben; er stand an der Spitze des ganzen Hofstaates und führte, wie es scheint, den Oberbefehl über die königlichen Mini-

---

[1]) Gesta Treverorum a. a. O. S. 193.
[2]) Paderborner Annalen (Ann. Col. Max.) z. J. 1111: Athelbertus, omnium cancellariorum, qui ante eum fuerant in aula regis, celeberrimus. — Ekkehard S. 245: qui per omnia secundus a rege semper fuerat, sine cujus consilio nihil facere solebat. — Gesta abb. Trudonensium a. a. O. 271: potentissime tunc temporis famosus et famosissime potens in curia imperatoris. Aehnlich auch Otto von Freising, Chron. VII, 14 und Ann. Ottenburani (M. G. SS. V, 9).
[3]) Vita Ludovici bei Duchesne IV, 289.
[4]) Manifest bei Giesebrecht III, 1239.

sterialen¹). Sehr wahrscheinlich ist er vom Könige auch mit bedeutenden Gütern belehnt oder beschenkt worden.²). Adalbert selbst übrigens benutzte seine Stellung, um seine Besitzthümer zu vergrößern, in nicht allzu scrupulöser Weise: so entzog er der Abtei St. Maximin bei Trier ohne einen Rechtstitel ihren Vasallen Anshelm von Molsberg mit dessen beiden Lehngütern; erst im Jahr 1116 erhielt die Abtei ihre Lehen durch den Spruch des Kaisers auf Verwendung der Erzbischöfe von Köln und Trier und anderer Bischöfe zurück³). Den größten Theil seiner Reichthümer, von denen so viel erzählt wird, erwarb jedoch Adalbert wohl erst als Erzbischof⁴).

Im Jahre 1109 traf Heinrich V. endlich, nachdem er seine Herrschaft nach innen und außen befestigt hatte, die ersten Vorbereitungen zur Romfahrt, auf der auch der kirchliche Streit beendigt werden sollte. Wahrscheinlich bald nach seiner Rückkehr vom polnischen Heereszuge, im Herbst⁵), schickte er eine glänzende Gesandtschaft nach Rom, welche die Aufgabe hatte, mit dem Papste ein Einverständniß über die Lösung der kirchlichen Fragen und über die Kaiserkrönung zu erzielen. An dieser Gesandtschaft nahm Adalbert als Mitglied Theil, außer ihm die Erzbischöfe Friedrich von Köln und Bruno von Trier, der Bischof von

---

¹) So verstehe ich des Königs Worte ebendas.: totam sibi curiam, omnem subjecimus militiam.

²) „quem de humili sublimem, quem de inope locupletem fecerim,“ sagt Heinrich V.

³) Stumpf 3123. Hier heißt es: qualiter homo suus Anshelmus de Mollesberch a domno Adelberto tunc quidem cancellario. nunc autem Moguntine sedis archiepiscopo cum beneficio suo quod est Brichina et Seltris aliquot annis jam injuste sibi fuerit ablatus (Beyer, Mittelrh. Urkundenbuch I. 508).

⁴) Otto von Freising, Gesta Frid. I, 12, nennt ihn „omnium illius temporis regni principum locupletissimus.“ Vergl. Anselmi Vita Adelberti II. (Jaffé III, 571): „Namque vir immensus et habundans munere census, presul Adelbertus,“ und über seine Freigebigkeit gegen den Neffen: „Prodigus argenti fuit artis scire volenti, addens mente bona largus dator aurea dona.“ S. auch das Manifest Heinrich's V. gegen Adalbert: „ineffabilibus divitiarum acervis suffocatus.

⁵) Am 1. August war der König mit Adalbert noch in Erfurt (Stumpf Nr. 3035), gleich darauf zog er nach Polen. Ob Adalbert an dieser Expedition Theil genommen hat, ist ungewiß.

Cambray, Graf Herrmann von Winzenburg und mehrere andere Fürsten [1]). Mit großer Pracht zogen die Gesandten in Rom ein; über den Gang der Verhandlungen aber ist nichts genaueres bekannt. Der Papst erklärte, er werde den König mit aller väterlichen Liebe und Freundlichkeit aufnehmen, wenn derselbe sich als einen rechtgläubigen König, als einen getreuen Sohn und Vertheidiger der Kirche, und als Freund der Gerechtigkeit gegenüber dem römischen Stuhle erweise; er selbst fordere nur, was dem kanonischen und kirchlichen Rechte entspreche, den Rechten des Königs wolle er keinen Eintrag thun. — Mehr als diese sehr allgemein gehaltene Zusicherung wurde den Gesandten nicht zu Theil, obwohl noch manches über die deutsche Kirche verhandelt wurde, wie wir aus einem Briefe Bruno's von Trier an Bischof Otto von Bamberg sehen [2]). Auf der Rückreise, die im Anfang des J. 1110 stattfand, besuchten die Gesandten die Gräfin Mathilde von Tuscien, und wurden von ihr freundlich aufgenommen und beschenkt [3]); sicher wurden auch Verhandlungen über Mathildens Stellung zum Könige geführt. Im März traf dann die Gesandtschaft in Lüttich beim Könige ein und erstattete ihm Bericht [4]). Heinrich faßte die Botschaft des Papstes in sehr günstigem Sinne auf; wenigstens gab er sich den Anschein, als sei er hoch darüber erfreut [5]). Wie weit entfernt man aber in der

---

[1]) Ueber diese Gesandtschaft berichten näheres die Paderborner Annalen in ihren drei Ableitungen, am ausführlichsten in den Ann. Col. Max. (M. G. SS. XVII. 747.), s. auch Donizo Vita Mathildis II, 18 (M. G. SS. XII. 401.)

[2]) Codex Udalrici Nr. 144 (Jaffé V, 260). Der Papst beauftragte danach Bruno von Trier, gemeinschaftlich mit Otto von Bamberg die Bischöfe von Eichstädt und Speyer zu weihen, vorher aber von Bruno von Speyer eine Rechtfertigung wegen der gegen ihn erhobenen Vorwürfe zu verlangen. Wahrscheinlich hatte Bruno, der Bruder Adalbert's, die Investitur vom Kaiser genommen, wie er auch wohl seine Erhebung Adalbert zu danken hatte.

[3]) Donizo a. a. O. 401.

[4]) Daß die Ankunft in Lüttich vor dem 27. März erfolgt sein muß, geht aus dem angeführten Briefe Bruno's von Trier hervor, der für die Consecration des Bischofs von Speyer die Frist vom 27. März bis 10. April setzte. Vergl. Ann. Col. Max. a. a. O. S. 748.

[5]) In dem an Otto von Bamberg gerichteten Briefe (Jaffé V, 305) sagt der König: Roma nostri nuntii rediere et Dei gratia ex parte maxima nobis leta et prospera retulere. Dieser Brief muß, wie die meisten Forscher

That von dem ersehnten Frieden mit der Kirche war, zeigten die Beschlüsse der noch in demselben März vom Papst abgehaltenen Lateransynode, durch welche die Bestimmungen des Concils von Troyes erneuert, d. h. das Verbot der Laieninvestitur aufrecht erhalten wurde.

In der zweiten Hälfte des August brach der König mit einem großen Heere, umgeben von vielen Fürsten und Großen, unter ihnen vor allen sein Kanzler Adalbert, nach Italien auf. Es ist nicht meine Absicht, die Vorgänge der Jahre 1110 und 1111, die so oft dargestellt sind, im Detail nochmals zu verfolgen; nur soweit die Wirksamkeit Adalbert's dabei hervortritt, will ich sie in allgemeinen Zügen zu zeichnen versuchen. König Heinrich suchte sich, ehe er Norditalien verließ, mit der Gräfin Mathilde von Tuscien zu verständigen und schickte deshalb eine Gesandtschaft zu ihr, als deren Theilnehmer wir Adalbert vermuthen dürfen, obwohl er nicht ausdrücklich genannt wird [1]). Die Gräfin traf mit den Gesandten in Bianello zusammen, anerkannte die königlichen Rechte und versprach eine friedliche Haltung. Ende December war der König in Arezzo und eröffnete von hier aus die Unterhandlungen mit der päpstlichen Curie und den Römern. Bei der ersten Gesandtschaft, die er zu diesem Zwecke nach Rom abordnete, befand sich Adalbert nicht [2]), wohl aber bei der wichtigeren zweiten, die von Aqua-

---

gegen Jaffé und Stenzel annehmen, im J. 1110, nicht 1116, geschrieben sein. — Der undatirte Brief Adalbert's an Otto von Bamberg im Cod. Ud. Nr. 143 (Jaffé V, 259), in welchem der Kanzler den Bischof Otto auffordert, sich nach Worms zu begeben und die Bitte des Königs hinsichtlich der Verleihung eines Kirchenlehns — wahrscheinlich an einen königlichen Günstling — zu erfüllen, paßt am besten in den Juni 1110, in welchem ein Aufenthalt des Königs in Worms nachzuweisen ist (Stumpf Nr. 3039). Dafür spricht auch die Urkunde der Kanoniker von St. Paul in Worms bei Schannat II, 62 aus dem J. 1110, die neben vielen Bischöfen den Kanzler Adalbert und Otto von Bamberg als Zeugen aufführt, und nur im Juni jenes Jahres aufgenommen sein kann. — Von Interesse ist die Schlußwendung jenes oberwähnten Briefes. Adalbert schreibt, er werde, wenn der Bischof dem Verlangen des Königs entspreche, schon dafür sorgen, daß der Bamberger Kirche die Sache zum Vortheil gereiche.

[1]) Donizo II, 18 (S. 402): Ultramontani proceres multi quoque clari ad quam venere u. s. w. Vergl. Ekkehard z. J. 1110 (S. 243).

[2]) Wie von Stenzel I, 632 und Gauje S. 9 irrthümlich angenommen wird. Daß die Mitglieder der ersten Gesandtschaft verschieden von denen der zweiten waren, sagt Ekkehard: Inde ad Aquampendentem progressus (sc. Heinricus V.) le-

pendente aus im Januar 1111 nach Rom abging, mit der Aufgabe, über die Investiturfrage und die Kaiserkrönung einen Vertrag mit dem Papste zu Stande zu bringen. Das Haupt dieser Gesandtschaft, jedenfalls ihr geistiger Führer, war Adalbert; die übrigen Mitglieder waren weltlichen Standes, es waren die Grafen Herrmann von Winzenburg, Friedrich von Arnsberg, Gottfried von Calw, und ein Ritter Folkmar[1]). Daß Adalbert, der einzige erfahrene Diplomat und Geschäftsmann und dazu im Besitze geistlicher Bildung, über diese Collegen aus dem Ritterstande ein entschiedenes Uebergewicht ausüben, daß ihm bei den Verhandlungen die Initiative zufallen mußte, ist klar. Und so dürfen wir an dem Vertrage, der aus diesen Verhandlungen hervorging, Adalbert den Hauptantheil zuschreiben. Die königlichen Gesandten nahmen bei ihrer Zusammenkunft mit dem Papste das Recht der Investitur uneingeschränkt für den König in Anspruch, als ein Recht, das schon seit Karl dem Großen allen deutschen Herrschern zugestanden habe; der Papst verweigerte es auf das bestimmteste[2]). Nun fragten die Gesandten: was denn aus dem Könige und dem Reiche werden solle, wenn denselben die Investituren entzogen würden? fast der

---

gatos suos dudum ab Aricia missos ab apostolico boni nuncii bajulos reperit, remissisque aliis nunciis cum Romanorum, qui supplices illic sibi occurrerant, paulatim Sutriam processit. — Vergl. Annales Romani z. J. 1111 (M. G. SS. V, 472).

[1]) Diese Namen stehen unter den abgeschlossenen Verträgen, die das Resultat der Gesandtschaft waren. S. Ann. Romani 473 und das Manifest Heinrich's bei Jaffé V, 272.

[2]) Die Verhandlungen zwischen dem Papste und den königlichen Gesandten sind von Heinrich V. selbst dargestellt in einem Schreiben an die Parmesaner, das den Zweck hatte, sein späteres Verfahren vor der Welt zu rechtfertigen und den Papst als Schuldigen hinzustellen. Cod. Ud. Nr. 149. (Jaffé V, 269.) Dieses Actenstück konnte, was den Inhalt der Verhandlungen betraf, natürlich nur auf dem Berichte der Gesandten beruhen, und man darf vielleicht vermuthen, daß Adalbert, der als Hauptbetheiligter die genauste Kunde von allen Vorgängen hatte, der Verfasser gewesen ist. Die Darstellung der päpstlichen Partei haben wir in den Annales Romani. Beide Referate ergänzen einander. Das Schreiben des Königs verräth übrigens schon dadurch die Tendenz und Einseitigkeit seiner Erzählung, daß es die vom Könige in dem Vertrage übernommenen Verpflichtungen mit Stillschweigen übergeht, und von dem Eide Heinrich's und seiner Großen, welcher dem Papste Sicherheit des Lebens und der Freiheit garantirte, kein Wort sagt. — Daneben kommt die kurze Darstellung Ekkehard's in Betracht.

ganze weltliche Besitz der Kirchen stamme ja aus den Verleihungen der deutschen Könige her. Da gab der Papst die denkwürdige Antwort: „Die Kirche begnügt sich mit den Zehnten und frommen Schenkungen; der König aber soll allen Besitz und alle Hoheitsrechte, die der Kirche von seinen Vorgängern zugewandt sind, für sich und seine Nachfolger zurückerhalten". — Dieser Entschluß, der die deutsche Kirche des größten Theils ihres Jahrhunderte alten Besitzstandes beraubt und eine Umwälzung in allen Verhältnissen der Kirche und des Reichs herbeigeführt haben würde, kam den Gesandten völlig unerwartet, und sie glaubten selbst nicht an die Möglichkeit seiner Durchführung [1]); auch der König hatte offenbar an ein solches Resultat gar nicht gedacht. Sie erhoben deshalb Einwendungen und erwiderten: „Der König habe nicht die Absicht, den Kirchen Gewalt anzuthun und durch Entziehung ihres Besitzes einen solchen Raub an ihnen zu begehen." Der Papst aber hielt an seinem Entschlusse fest und versprach, dem Reiche die gesammten an die Kirche gekommenen Regalien zurückzuerstatten, und die Vollziehung bei Strafe des Banns anzubefehlen. Dagegen konnten die Gesandten nichts mehr einwenden, und erklärten, wenn der Papst dieses Versprechen erfülle, so sei der König bereit, seinerseits das Investiturrecht aufzugeben. — So kam denn am 4. Februar in der Kirche zu S. Maria in Turri zwischen den königlichen Gesandten und den Abgeordneten des Papstes der Vertrag zu Stande, der diese Verabredungen sanctionirte, und dessen Inhalt in zwei Urkunden niedergelegt wurde, deren eine die Verpflichtungen des Königs, die andere die des Papstes festsetzte [2]). Die Hauptbestimmungen des ersten Documents sind: „Der König verspricht, am Tage der Krönung auf das Recht der Investitur feierlich und öffentlich für alle Zeiten zu verzichten; außerdem garantirt er dem Papste den Besitz seiner Würde und Sicherheit des Lebens, des Leibes und der Freiheit. Für diese und die übrigen Versprechungen stellt der König dem Papste den Kanzler Adalbert und 12 deutsche Fürsten als

---

[1]) Schreiben Heinrich's a. a. O. 270: quod tamen nullo modo fieri sciebant.
[2]) Am genausten wiedergegeben in den Ann. Romani (M. G. SS. V, 472 und 473).

Bürgen; diese sollen ebenfalls dem Papste Sicherheit seines Lebens u. s. w. beschwören, und falls der König seine Zusagen nicht erfüllt, sich ganz dem Papste zur Verfügung stellen. Außerdem soll der König Geiseln geben, unter ihnen seinen Neffen Friedrich von Stauffen und Bischof Bruno von Speyer." Am Schlusse der Urkunde leisten Adalbert selbst und die anderen Gesandten einen feierlichen Eid, daß der König mit den Fürsten die gegebenen Zusagen beschwören und gewissenhaft ausführen werde, wenn der Papst seinen Versprechungen nachkomme. — In der anderen Urkunde verpflichtet sich der Papst, unter der Bedingung, daß Heinrich seine Zusagen erfülle, am Krönungstage sämmtlichen Bischöfen die Rückgabe aller Regalien, die seit Karl dem Großen der Kirche zu Theil geworden, an den König und das Reich anzubefehlen und bei Strafe des Banns jede Inanspruchnahme dieser Reichsrechte zu verbieten, auch sie selbst nie wieder zu beanspruchen. Außerdem verspricht der Papst die Kaiserkrönung nach alter Sitte zu vollziehen und Geiseln und Bürgen zu stellen.

Nach Abschluß dieses Vertrags begab sich Adalbert mit den königlichen und päpstlichen Gesandten nach Sutri zum Könige, und dieser beschwor am 9. Februar 1111 die urkundlich stipulirten Zusagen, jedoch unter Hinzufügung der Bedingung, daß der Vertrag nur Geltung haben solle, wenn die ganze Kirche und die Fürsten des Reichs ihre Zustimmung ertheilten; — ein Zusatz, der die ganze Arglist Heinrich's aufdeckt, da er recht gut wußte, daß diese Zustimmung niemals zu erwarten sei [1]). Nach dem Könige leisteten Adalbert und die zwölf Fürsten, die als Bürgen dienten, ebenfalls den von der Vertragsurkunde verlangten Schwur.

Man wird nicht umhin können, das ganze Verfahren des Königs und seiner Genossen, vor allen Adalbert's, als ein tief unsittliches zu bezeichnen. Keiner der Betheiligten auf dieser Seite glaubte an die Ausführbarkeit dieses Vertrags, wie das Schreiben des Königs offen eingesteht und von Ekkehard bestätigt wird, und dennoch wurden die

---

[1]) Ekkehard 244: quod etiam vix aut nullo modo fieri posse credebatur. — Giesebrecht III, 1189 bezweifelt die Glaubwürdigkeit dieses von Ekkehard gegebenen Zusatzes; allein daß er in dem Rechtfertigungsschreiben Heinrich's keine Aufnahme gefunden hat, ist, glaube ich, kein Grund ihn zu läugnen.

heiligsten Eide geschworen, um Versprechungen, deren Unmöglichkeit jedem vor Augen stand, zu bekräftigen. Die Absicht Heinrich's V. scheint dahin gegangen zu sein, sich vor allen Dingen die Kaiserkrönung zu sichern und aus der bedrängten Lage, in die der Papst voraussichtlich durch die Anerkennung des Investiturvertrags kommen mußte, Nutzen zu ziehen, um durch einen neuen Vertrag das volle Investiturrecht in die Hände zu bekommen. Dieser hinterlistigen Politik bot sich Adalbert als gefügiges Werkzeug dar, und ist der Mitschuldige der Frevel seines Herrn geworden.

Am 12. Februar sollte die Krönung Heinrich's durch den Papst in der Peterskirche stattfinden. Es folgen nun jene Vorgänge, die so allbekannt sind, daß ich sie nur kurz andeute. Als die päpstliche Urkunde, die den Verzicht der Kirche auf die Regalien aussprach und den Bischöfen jede Beschäftigung mit weltlichen Dingen verbot, verlesen wurde, erhoben sich geistliche und weltliche Fürsten mit leidenschaftlichem Widerspruch dagegen und machten die Ausführung des Vertrages unmöglich. Der König erklärte nach einer Berathung mit den Fürsten die beschworene Uebereinkunft für aufgehoben und verlangte die Kaiserkrönung. Auch zu dieser kam es nicht, und am Abend jenes Tages war Papst Paschalis mit seinen Cardinälen der Gefangene Heinrich's V.[1]. Nach drei Tagen blutigen Kampfes mit den Römern verließ der König und sein Heer die Stadt und führte den Papst mit einer Anzahl Cardinälen als Gefangene mit sich fort.

Als Urheber dieser brutalen Maßregel hat die Mitwelt vor allen den Kanzler Adalbert bezeichnet: er und der Bischof Burchard von Münster, der Kanzler für Italien, sollen dem erzürnten Könige die Gefangennehmung des Papstes angerathen, und ihn dazu überredet haben. Es wird sich niemals mit Sicherheit ermitteln lassen, ob der Plan wirklich in Adalbert's Kopfe entsprungen ist, oder ob er nur den König in seinen gewaltthätigen Absichten bestärkt hat. Petrus von Montecassino, freilich sonst kein sehr zuverlässiger Schriftsteller, berichtet, daß Adalbert im Vereine mit Burchard von Münster den König durch seinen Rath gradezu zu dem Gewaltstreiche verleitet habe[2]; Otto

---

[1] S. die Darstellungen bei Giesebrecht III, 813 ff. und Stenzel I, 636 ff.
[2] Chron. Cassinense cont. auct. Petro (M. G. SS. VII, 780): Caesar iratus et seductus consilio Alberti, archiepiscopi Maguntini, et Burchardi

von Freising und der Verfasser der Petershäuser Chronik erzählen dasselbe als überall verbreitetes und geglaubtes Gerücht [1]). Danach scheint kein Zweifel zu bleiben, daß ein Hauptantheil der Schuld an jenem Frevel Adalbert zufällt, auch wenn der erste Gedanke nicht von ihm ausgegangen sein sollte. Jedenfalls hat er die That vollständig gebilligt, und vielleicht durch seine Zustimmung den Entschluß Heinrich's V. zur Reife gebracht. Freilich wird es bei dem Könige keiner großen Ueberredungskunst bedurft haben, um ihn zu einem Schritte zu bewegen, der eine Folge der eingeschlagenen Politik des Truges war; denn von vornherein war ja das Spiel mit Eiden und Verträgen darauf hinausgegangen, den Papst in eine unfreie Lage zu bringen. Adalbert's Name aber wird von der Nachwelt immer mit der Erinnerung an eine der unwürdigsten Gewaltthaten in der Geschichte verknüpft bleiben, und keine Vertheidigung wird im Stande sein, ihn von diesem Makel zu reinigen, wie sehr er sich auch später bemüht hat, die römische Curie zu verherrlichen und ihre Macht zu erhöhen.

Paschalis II. war endlich durch eine zweimonatliche Gefangenschaft, durch die Leiden der Römer und durch die Furcht vor einer neuen Kirchenspaltung mürbe gemacht, und erklärte sich bereit, den Willen des Königs zu erfüllen [2]). Im deutschen Lager bei Ponte-Mammolo wurde am 11. April der neue Vertrag zwischen König und Papst zu Stande gebracht, unter der Mitwirkung Adalbert's. Der Papst verzichtete darin auf das Recht der Investitur der Bischöfe und Aebte, und überließ dasselbe dem Könige: Die Bischöfe und Aebte sollten hinfort erst nach der Investitur durch den König, die Weihe erhalten; und wenn sie ohne Zustimmung des letzteren gewählt waren, von niemanden geweiht werden, ehe sie nicht investirt seien. Außerdem ver-

---

episcopi Saxonum, non veritus est, eum (sc. papam) suis armatis militibus circumdare.

[1]) Otto Fris. Chron VII, 14. (S. 255): Hujus maximi sceleris autor fuisse dicitur Albertus, natione Lotharingus, qui postmodum factus est Moguntiae archiepiscopus, tunc vero regis cancellarius et primus inter primos ejus praecordialis consiliarius. — Chron. Petershus. III, 43 (M. G. SS. XX, 659): Adilbertus, cujus consilio et auxilio, ut tunc ferebatur, omnia illa mala egerat (sc. rex), quae Romae perpetraverat.

[2]) Ann. Romani S. 475. Ann. Hildesheim. M. G. III, 112.

sprach der Papst, wegen der ihm angethanen Unbill an niemandem Rache zu nehmen, besonders aber König Heinrich wegen des Vorgefallenen niemals mit dem Banne zu belegen, auch die Krönung demnächst zu vollziehen ¹). Der König dagegen verpflichtete sich, den Papst, die Cardinäle und alle übrigen Gefangenen freizulassen, der römischen Kirche die ihr entfremdeten Besitzungen zurückzugeben und dem Papste, vorbehaltlich der Rechte des Reichs, Gehorsam zu beweisen, in derselben Weise wie die früheren Kaiser. — Diese Versprechungen wurden von Heinrich und nach ihm vom Kanzler Adalbert und dreizehn Fürsten beschworen. Am folgenden Tage wurde dann die Verzichtsurkunde vom Papste unterzeichnet.

Am 13. April wurde die Kaiserkrönung in der Peterskirche vollzogen, und öffentlich mußte hier der Papst dem Könige die Vertragsurkunde, in der er auf das Investiturrecht verzichtete, überreichen, um jeden Schein eines Zwanges auszuschließen. Äußerlich im besten Einvernehmen trennten sich dann die beiden Fürsten, und Heinrich trat den Rückzug nach Deutschland an ²). — So hatte die Politik des Kaisers und seines Kanzlers vorerst vollständig gesiegt; die Urkunde, die Heinrich in den Händen hatte, gab ihm das Investiturrecht uneingeschränkt. Ja, der Papst selber hatte den ihm abgezwungenen Verzicht im Sinne des Gegners motiviren müssen: „Deine Vorgänger", hieß es im Privileg, „haben die Kirchen so reich mit Regalien begabt, daß das Reich selbst durch die Unterstützung der Bischöfe und Aebte erhalten werden muß, und Wahlstreitigkeiten durch die königliche Majestät zu schlichten sind".

Adalbert's Einfluß auf die Politik Heinrich's V. während dieses italienischen Aufenthaltes spiegelt sich noch in einem äußeren Momente wieder: er erhielt gleich im Beginn des Zuges, noch im Jahr 1110, die Würde eines Erzkanzlers für Italien und verwaltete dieselbe bis zur Rückkehr nach Deutschland ³). Unter ihm versah Bischof Burchard von Münster

---

¹) Cod. Udalr. Nr. 150. (Jaffé V, 274.) Ann. Romani a. a. O.
²) Ann. Col. Max. a. a. O. 748; Ekkehard 248; Cod. Ud. Nr. 150 (Jaffé V, 276); Wilhelm von Malmesbury, (M. G. SS. X, 479 u. 480); Ann. Romani 476.
³) Stumpf 3044 u. flgbe. Diese Stellung kann Adalbert also nicht, wie

die Geschäfte eines italienischen Kanzlers und recognoscirte die Urkunden für Italien in Stellvertretung Adalbert's des Erzkanzlers. Diese Abweichung von dem Herkommen, nach welchem dem Erzbischof von Köln die italienische Erzkanzlerwürde zustand, ist um so auffallender, als Friedrich von Köln mit dem Könige in Italien war, und Adalbert selbst für Deutschland nur den Titel eines Kanzlers führte. Es erklärt sich dies am besten dadurch, daß, wie Giesebrecht III, 823 bemerkt, „damals die Absicht einer unmittelbaren Vereinigung der italienischen mit den deutschen Reichsgeschäften" obgewaltet zu haben scheint. Erst im October 1112 erscheint Friedrich von Köln in der Würde eines Erzkanzlers für Italien [1]).

Nachdem der Kaiser nach Deutschland zurückgekehrt war, war es sein erstes Geschäft, seinem verstorbenen Vater die lange versagten Ehren eines kirchlichen Begräbnisses angedeihen zu lassen; in Gegenwart vieler Fürsten fand in Speyer am 7. August 1111 das Gedächtnißfest und die feierliche Beisetzung Heinrich's IV. im Dome statt. Das zweite aber, was Heinrich sich angelegen sein ließ, war die endliche Erfüllung der Verheißung, die er einst seinem Kanzler gegeben hatte. Adalbert hatte seinen früheren Verdiensten neue hinzugefügt und dadurch ein doppeltes Anrecht auf die glänzende Belohnung, die ihm zugedacht war, erworben. Von Speyer begab sich der Kaiser mit seinem Hofe nach Mainz und ertheilte hier sogleich nach seiner Ankunft am 15. August auf dem veranstalteten Hoftage an Adalbert die Investitur mit Ring und Stab [2]). Jetzt erst war der ehrgeizige Mann in den wirklichen

---

Gause S. 11 meint, als Frucht seiner Bemühungen um die Kaiserkrönung zugefallen sein.

[1]) Stumpf 3090.

[2]) Paderborner Annalen (Ann. Col. Max. u. s. w.): In assumptione sanctae Mariae apud Magontiam Athelbertus . . . . praesente rege et consentiente unanimi ecclesiae electione Magontinus archiepiscopus constituitur. Daß die Wahl nicht erst jetzt, sondern bereits vor dem italienischen Zuge stattgefunden haben muß, ist oben bemerkt. Vergl. dazu Ekkehard z. J. 1111, S. 245: Habita post haec Mogontiae curia, Adelbertum cancellarium suum, dudum ad eandem kathedram electum, baculo et anulo investivit. — Stenzel II, 319 hat gegen die Richtigkeit der Zeit- wie der Ortsangaben der Paderborner Annalen Zweifel erhoben: er will statt Mainz Speyer setzen, wahrscheinlich durch die Urkunde Heinrichs V. d. d. Speyer, 14. August (Stumpf 3071) veranlaßt; am 14. war der

Besitz der Stellung gelangt, die als die höchste in Deutschland einem Unterthanen zu Theil werden konnte. Der Grund, weshalb die Einsetzung Adalberts so lange verzögert und der erste Fürstensitz Deutschlands zwei Jahre lang unbesetzt geblieben war, liegt wohl hauptsächlich darin, daß dem Könige die Mitwirkung seines gewandten Kanzlers in den italienischen Angelegenheiten, in den Verhandlungen mit der päpstlichen Curie unentbehrlich war. Aber gewiß hat Heinrich mit vorbedachter Absicht es unterlassen, Adalbert schon im Jahr 1109, vor dem Zuge nach Italien, die Investitur zu ertheilen; denn so lange letzterer einfacher Kanzler war, konnte er nichts anderes sein als das Werkzeug seines Gebieters; war er aber der erste Reichsfürst Deutschlands geworden, so wurde seine Stellung zum Könige und zur päpstlichen Curie sofort verändert, er hatte dann beiden gegenüber selbstständige Interessen und hätte kaum ein so gefügiges Werkzeug für die Pläne des Königs abgegeben. Jetzt aber glaubte Heinrich V., nach den Vorgängen in Italien, seinen Kanzler so eng an sich und seine Politik gekettet zu haben, daß er auch in Zukunft einen ergebenen Bundesgenossen an ihm haben würde; durch das Band der Dankbarkeit hoffte er ihn noch enger zu fesseln [1]). Er scheute deshalb auch die Unzufriedenheit nicht, die sich darüber erhob, daß der Mann, der allgemein für den Urheber der gegen Papst Paschalis verübten Schandthaten gehalten wurde, den ersten geistlichen Fürstenthron Deutschlands besteigen sollte [2]). Eine nahe Zukunft schon zeigte, daß weder die Mitschuld an begangenen Verbrechen noch das Gefühl der Dankbarkeit hinreichend stark waren, ein

---

König noch in Speyer, und am 15. hielt er einen Hoftag in Mainz und nahm die Investitur vor. Das erscheint allerdings bei der Entfernung beider Orte (etwa 22 Stunden) schwer möglich, aber auszuführen war es mit tüchtigen Pferden und Relais-Vorrichtung dennoch. Übrigens würde man durch diese Änderung auch in Conflict mit Ekkehard gerathen. — Dann will Stenzel II, 320 „assumtio Mariae" (15. August) in „nativitas Mariae" (8. September) verändern, was mir ebenfalls unnöthig scheint.

[1]) Manifest Heinrichs bei Giesebrecht III, 1239: ut autem fidei sue vigor et mutue dilectionis commercia incrementis dignitatum accederent affectiorque affectus in nos et amor suus accresceret, metropolim majorem regni, potentissimam opum, copia precinctam militum, Mogontinam sedem sibi constravimus.

[2]) S. ebendas.

dauerndes Band zwischen zwei selbstsüchtigen und herrschbegierigen Characteren zu begründen.

II. Adalbert als Erzbischof. Sein Abfall von Heinrich V. und dessen Folgen.

Die Stellung eines Erzbischofs von Mainz war in politischer wie in kirchlicher Beziehung gleich mächtig: derselbe war zugleich der erste Reichsfürst und das Haupt der deutschen Kirche. Beinahe die Hälfte des Reiches stand unter der Mainzer Erzdiöcese; vierzehn, ja wenn man Bamberg mitzählen will, fünfzehn Suffraganbisthümer[1]) gehörten ihr an; und ihre Grenzen reichten durch die Bisthümer Prag und Olmütz bis zu den Sudeten und Karpathen, durch Chur bis zu den Grenzen Italiens, durch Verden und Halberstadt bis hoch in den Norden Deutschlands. Der unmittelbare Sprengel des Erzbisthums erstreckte sich über Rheinfranken, Hessen, Thüringen und das südliche Sachsen[2]). Dazu war der Erzbischof von Mainz Erzkanzler des Reichs, und genoß schon zu jener Zeit den Vorrang vor allen übrigen Fürsten, geistlichen wie weltlichen[3]).

Schon öfter hatten bedeutende Persönlichkeiten auf dem Stuhle von Mainz mit mächtiger Hand die Geschicke Deutschlands bestimmt; man denke nur an Hatto, Willigis und Aribo. Ihnen stellt sich Adalbert ebenbürtig zur Seite. Er übertrifft durch die Bedeutung seiner Thätigkeit und durch sein mächtiges Eingreifen in die Geschichte der Zeit alle

---

[1]) Adalbert nennt sich selbst das Haupt von 15 Suffraganbischöfen und begreift unter ihnen auch den Bamberger, Cod. Ud. Nr. 199 (Jaffé V, 327): „inter quindecim Moguntini privilegii suffraganeos." Ein Suffraganverhältniß ist freilich von Bamberg nicht anerkannt worden, das Bisthum war bei seiner Gründung unmittelbar unter den päpstlichen Stuhl gestellt. (S. Ficker, Vom Reichsfürstenstande I, 340.)

[2]) Vergl. Stumpf Acta Maguntina, S. VII.

[3]) Vita Arnoldi archiepiscopi bei Jaffé III, 625: Maguntinus post imperatorem est princeps principum.

seine Vorgänger seit Willigis. Adalbert's letzte Vorgänger auf dem erz=
bischöflichen Stuhle, Siegfried, Wezilo und Ruthard, waren nicht von
hervorragender Bedeutung gewesen; um so höher erglänzt der Ruhm
Adalbert's. Freilich läßt sich nicht läugnen, daß seine rastlose Wirk=
samkeit dem deutschen Vaterlande wenig Segen gebracht hat, und er ge=
hört nicht zu den Männern, deren Namen die Nachwelt mit Verehrung
nennt, soviel auch in den Darstellungen der Geschichte des zwölften
Jahrhunderts von ihm die Rede ist.

Kaiser Heinrich verweilte nach der Investitur Adalbert's noch längere
Zeit in Mainz, bis in den September hinein [1]). Der neue Erzbischof
wird während dieser Zeit die für die Verwaltung der Erzdiöcese noth=
wendigsten Geschäfte vorgenommen haben. Ein neuer Kanzler scheint
für Deutschland vorerst nicht ernannt worden zu sein; denn Adalbert recog=
noscirte auch als Erzkanzler in der nächsten Zeit alle kaiserlichen Urkunden
selbst, und übte damit den unmittelbaren Einfluß auf den Gang der
Geschäfte, den sonst die Erzkanzler nicht zu haben pflegten, noch weiter
fort. Daher kam es auch, daß er dem Hofe des Kaisers folgen mußte,
und mit diesem Mainz im September verließ [2]). Erst Ende März 1112
erscheint in den kaiserlichen Urkunden ein neuer Kanzler. — Ob Adal=
bert am 26. und 27. August sich mit dem Kaiser in Worms aufge=
halten, wie sich aus drei Urkunden für das Kloster Reinhardsbrunn
ergeben würde, ist sehr zu bezweifeln, da diese Urkunden stark dem Ver=
dachte der Fälschung unterliegen [3]). In den September, zwischen den
Aufenthalt in Mainz und Straßburg, fällt wahrscheinlich die schwere
Krankheit Heinrich's V. zu Worms und der Aufstand der Wormser,
der für uns dadurch merkwürdig ist, daß bei dieser Gelegenheit zuerst
sich das Verhältniß zwischen dem Kaiser und Adalbert getrübt zu haben
scheint. Die Rolle, die der letztere hier gespielt hat, ist jedoch fast ganz
in Dunkel gehüllt, da unsere einzige Quelle dafür die späteren giftigen

---

[1]) Stumpf 3076.
[2]) S. die Urkunden bei Stumpf 3077 ff.
[3]) Stumpf 3073—75. Vergl. Giesebrecht III, 1191. Die Recognitionsfor=
mel lautet: Adelbertus cancellarius vice Maguntinae ecclesiae, quae nunc
archicancellariatum tenet, recognovit. So konnte Adalbert nach seiner Inve=
stitur nicht recognosciren.

Anklagen des Kaisers gegen seinen früheren Günstling sind. Fest steht nur, daß Heinrich V. damals in Worms gefährlich krank lag, so daß jedermann seinen nahen Tod erwartete, und daß die empörten Wormser bewaffnet vor das Kloster stürmten, wo der Kaiser (Neuhausen) lag, um sich der Reichsinsignien zu bemächtigen. Dies gelang ihnen freilich nicht, denn Heinrich erhob sich mit Gewalt von seinem Lager und schlug die Empörung nieder [1]). — Derselbe hat später Adalbert beschuldigt, an der Spitze dieser Verschwörung gestanden und auch den kaiserlichen Neffen, Friedrich von Schwaben, zur Theilnahme zu verlocken gesucht zu haben; Adalbert selbst soll mit gewaffneter Hand nach dem Besitz der Reichsinsignien getrachtet, er soll damals eine neue Bischofswahl in Worms veranlaßt und die Bürger zum Attentat auf das Leben des Kaisers aufgereizt haben [2]). Zieht man die Maßlosigkeit der Beschuldigungen Heinrich's und seinen späteren tödtlichen Haß in Betracht, so wird man diesen Behauptungen keinen großen Glauben schenken. Zum Theil werden sie schon dadurch unwahrscheinlich, daß Adalbert nach wie vor in der Umgebung des Kaisers blieb, und zwar allem Anschein nach in gutem Einvernehmen; denn er behielt die Leitung der kaiserlichen Kanzlei und tritt in mehreren Urkunden als Intervenient auf, auf dessen Verwendung der Kaiser Wohlthaten spendet und Rechte verleiht [3]). Vermuthen darf man allerdings, daß während der Krankheit Heinrich's die Fürsten auf Adalbert's Anlaß zusammengetreten sein werden, um über die Zukunft des Reiches zu berathen, daß sie einen Nachfolger bereits ins Auge faßten und dabei an Friedrich von Schwaben, den nächsten Verwandten des Kaisers, dachten. Auch ist nicht unmöglich, daß Adalbert, grade wie im J. 1125 nach Heinrich's V. Tode, den Versuch

---

[1]) Landulfi Historia Mediolanensis, c. 27 (M. G. SS. XX, 31). Vergl. Manifest Heinrich's bei Giesebr. III, 1239: dum infirmitate valida Wormacie prerepti essemus. — Cod. Ud. Nr. 158 (Jaffé V, 284): In ipso tempore gravissimae nostrae aegritudinis, cum vita nostra esset in dubio, cum dissolutionis nostrae tantum haberetur expectatio.

[2]) Manifest Heinrich's: in ipso vite nostre articulo loricata manu crucem et lanceam nobis insidiose temptat preripere; episcopum ibidem clerus et populus, me summmotenus valente, cogitur eligere, ut sic conventiculis factis in mortem meam irruerent.

[3]) Stumpf 3084, 3085, 3091 u. s. w.

machte, die königlichen Insignien, deren Besitz so wichtig war, unter seine Obhut zu bekommen. Aber schwerlich hat er dieselben mit gewaffneter Hand zu erobern versucht, oder gar sich an die Spitze der Wormser Empörer gestellt, um den Kaiser zu ermorden. Ob er damals eigenmächtig die Wahl eines Bischofs veranlaßt hat, bleibt zweifelhaft, da jede Nachricht darüber fehlt. — Der Verdacht des Kaisers gegen Adalbert aber war geweckt, und das frühere innige Verhältniß beider ging mit raschen Schritten seiner Auflösung entgegen. Vielleicht war Heinrich am meisten dadurch gereizt und gegen Adalbert argwöhnisch gemacht, daß man ihn bereits zu den Todten geworfen und an die Wahl eines Nachfolgers gedacht hatte.

Der Friede, welcher in Rom zwischen der Kirche und dem deutschen König geschlossen war, konnte als ein durch äußere Gewalt herbeigeführtes Resultat nicht von langem Bestande sein. Papst Paschalis erfuhr alsbald von allen Seiten die heftigsten Anfeindungen wegen seines Verzichts auf das Investiturrecht, und wurde von der streng kirchlichen Partei bestürmt, das dem Kaiser eingeräumte Privileg zu widerrufen. In dieser Bedrängniß berief er zum März 1112 eine große Kirchenversammlung nach Rom, die im Lateran tagte. Die Synode war einstimmig in der Forderung an den Papst, daß der Vertrag über die Investituren vernichtet werden müsse. Paschalis, im beängstigenden Conflict zwischen den geleisteten Versprechungen und den Interessen der Kirche, gab endlich dem Willen der Versammlung nach und ertheilte seine Zustimmung zur Aufhebung des ihm abgezwungenen Vertrages. Die Synode erklärte darauf das dem Kaiser ertheilte Investiturprivileg feierlich für ungültig und aufgehoben [1]).

Noch leidenschaftlicher aber als die Versammlung im Lateran ging die französische Geistlichkeit im Kampfe gegen den Kaiser vor, unter der Führung des energischen Erzbischofs Guido von Vienne, des Legaten des Papstes für Frankreich und Burgund. Eine von Guido nach Vienne berufene Synode sprach nicht allein über das Investiturprivileg die Nichtigkeit aus, sondern erklärte jede Laieninvestitur für ketzerisch;

---

[1]) Guillelmus Malmesbur. (M. G. SS. X, 481). Mansi Conc. coll. XXI, 68. Ekkehard S. 246.

den Kaiser aber belegte sie als einen zweiten Judas und Tempelschänder mit dem Bannfluch. Paschalis sprach zwar nicht selber das Anathem über den Kaiser aus, aber er bestätigte doch, wenn auch nur in allgemeinen Ausdrücken, die Beschlüsse von Vienne und gab dadurch seine Billigung der gegen Heinrich V. gerichteten Maßregeln zu erkennen [1]). So mußte der alte Kampf erbitterter als zuvor zum Ausbruche kommen, und es zeigten sich bereits die Früchte der von Heinrich und Adalbert eingeschlagenen Politik der Gewalt.

Die Lateransynode hatte beschlossen, den Bischof Gerhard von Angouleme und den Cardinal Divizo an den Kaiser abzusenden, um ihm die gefaßten Beschlüsse mitzutheilen und ihn zur Rückgabe des Investiturrechts an die Kirche aufzufordern. Gerhard begab sich etwa im April oder Mai an das königliche Hoflager in Sachsen und bot seine ganze Beredsamkeit auf, um den Kaiser zur Nachgiebigkeit zu bewegen. Als Dolmetscher diente ihm dabei, wie die Chronik der Bischöfe und Grafen von Angouleme berichtet [2]), der kaiserliche Kanzler, dessen Name jedoch nicht genannt wird. Man hat nun ohne weiteres angenommen, unter diesem Kanzler müsse Adalbert verstanden werden, aber wie Giesebrecht III, 1192 bemerkt hat, mit Unrecht. Der Erzbischof von Mainz wird schwerlich die Dienste eines Dolmetschers übernommen haben. Es kann entweder der italienische Kanzler, Bischof Burchard von Münster oder der deutsche Kanzler, Propst Arnold, der vor kurzem dieses Amt übernommen hatte, gemeint sein. — Heinrich und mit ihm die deutschen Fürsten wiesen übrigens die Zumuthungen Gerhard's von Angouleme mit Entschiedenheit zurück.

Während so der Kaiser den gefährlichen Kampf mit der Kirche wieder aufnehmen mußte, erwuchs ihm in Deutschland selbst eine Opposition, die seine Machtstellung noch unmittelbarer bedrohte, verderblich aber für ihn werden mußte, wenn sie sich mit seinen kirchlichen Feinden verbündete. Heinrich hatte durch sein festes Auftreten in Deutschland mannigfache Unzufriedenheit bei den Fürsten erregt, namentlich aber unter den sächsischen Großen sich viele Feinde gemacht. Dies zeigte sich

---

[1]) Mansi XXI, 73 ff.
[2]) Historia pontificum et comitum Engolismensium bei Bouquet XII, 394.

schon im Sommer 1112, als Herzog Lothar von Sachsen und Markgraf Rudolf von der Nordmark die Waffen gegen ihn ergriffen. Den äußeren Anlaß zum Ausbruch einer neuen großen Empörung aber bot die Weimar=Orlamünde'sche Erbschaftsangelegenheit. Der Kaiser hatte nach dem Tode des Grafen Udalrich von Weimar die Reichslehen desselben eingezogen und dadurch die mächtigen Verwandten Udalrich's heftig gegen sich aufgebracht, besonders den Pfalzgrafen Siegfried. Dieser zog alle dem Kaiser feindlichen Elemente auf seine Seite und stand in kurzem als das Haupt eines weithin verzweigten Bundes von Fürsten da, der ganz Sachsen und Thüringen gegen den Kaiser in Waffen brachte, und als dessen Haupttheilnehmer genannt werden: Herzog Lothar von Sachsen, Rudolf von der Nordmark, Graf Ludwig von Thüringen, Wiprecht von Groitsch, Pfalzgraf Friedrich von Sachsen, Bischof Reinhard von Halberstadt [1]).

Die Gefahr aber, die durch diesen Bund dem Kaiser drohte, erhielt einen weit drohendern Character, als auch derjenige Fürst, in dem er eine Hauptstütze seines Regiments zu finden gehofft hatte, als sein bisheriger Günstling Adalbert von Mainz sich auf die Seite seiner Gegner stellte. Unglaublich fast mußte es einem jeden erscheinen, daß der vertrauteste Rathgeber und Freund Heinrich's, der vor nicht viel länger als einem Jahre von ihm zu der höchsten fürstlichen Stellung erhoben worden, jetzt als Feind gegen denselben auftrat. Schon die Zeitgenossen wußten sich dies Räthsel nicht zu erklären, und auch für uns sind die Motive, die Adalbert's Abfall von Heinrich V. veranlaßt haben, in Dunkel gehüllt, das bei dem Stande unserer Quellen nur durch Vermuthungen in etwas gelichtet werden kann. Ueber die Vorgänge, die zu dem Bruche zwischen Heinrich und Adalbert führten, giebt kein unparteiischer Zeitgenosse nähere Nachricht, keine Quelle hat die Daten, aus denen wir Adalbert's Schuld beurtheilen könnten, überliefert; nur die Thatsache des Bruches wird ziemlich von allen Chronisten berichtet. Ein einziger Geschichtsschreiber, Ekkehard, giebt über den Zusammenhang jener Ereignisse einige Andeutungen, die, wenn gleich kurz und skizzenhaft, doch von großem Werthe sind. Ekkehard aber wußte wahrscheinlich

---

[1]) Ekkehard S. 246.

über diese Vorgänge mehr als er sagte. Es ist fast undenkbar, daß er, der im Auftrage Heinrich's V. Geschichte schrieb, das Manifest des Kaisers gegen Adalbert nicht gekannt haben sollte, und doch erwähnt er die in demselben gegebenen Details mit keinem Worte.[1]

Bei der Dürftigkeit unserer Quellen ist es von größtem Werthe, daß uns die Darstellung eines der Hauptbetheiligten, nämlich Heinrich's V. selber, erhalten ist. Der Kaiser erließ noch am Schlusse des Jahres 1112 oder spätestens Anfang 1113 von Erfurt aus ein Manifest, das bestimmt war, sein Verfahren gegen Adalbert zu rechtfertigen, zugleich aber die heftigsten Anklagen gegen ihn schleuderte. Obgleich jede Zeile dieser Schrift von Gehässigkeit und Wuth überfließt, und das in ihr gegebene Bild ein durchaus verzerrtes ist, so werden doch eine solche Fülle von Thatsachen mitgetheilt, die handelnden Personen werden so scharf beleuchtet, daß die ganze dunkle Episode von Adalbert's Sturz dadurch bedeutend aufgeklärt wird. Freilich bleibt, da es eine höchst erbitterte Parteischrift ist, in der eine leidenschaftliche subjective Stimmung ihren Ausdruck findet, und deren thatsächliche Angaben durch keine andere Quelle zu controliren sind, noch Zweifel und Ungewißheit genug übrig. — Entdeckt wurde diese Schrift erst in unserm Jahrhundert, und zwar von Fr. von Raumer in der Bibliothek des Vaticans; dieser benutzte sie dann in seiner Geschichte der Hohenstaufen und theilte sie in einer, freilich recht ungenauen, Uebersetzung und nur stückweise mit.[2] Vollständig publicirt wurde das Document zuerst von Böhmer in Förstemann's Neuen Mittheilungen aus dem Gebiet historisch-antiquarischer Forschungen, Bd. VII, zweites Heft, S. 96 (1844), und zuletzt mit Verbesserungen des Textes herausgegeben von Giesebrecht in

---

[1] Die Stelle bei Ekkehard lautet (nachdem vorher der Bannfluch Guido's von Vienne gegen den Kaiser erzählt ist): Attamen ejusdem dissensionis seminario circumquaque coepit invidiae serpere malum, adeo ut nonnulli quicquam contra rem publicam intentantes, hujus rei materiam in suae commotionis arripere meditarentur clipeum: Inter quos et predictus Adelbertus designatus Mogontiae pontifex, qui per omnia secundus a rege semper fuerat, sine cujus consilio nihil facere solebat, adversus imperatorem — quod vix quisquam crederet — conspirare cum quibusdam principibus infamatur.

[2] Geschichte der Hohenstaufen und ihrer Zeit. I, 278.

seiner Geschichte der Kaiserzeit III, 1239. Auffallend bleibt es, daß kein zeitgenössischer Chronist das Manifest des Kaisers, das doch gewiß weite Verbreitung fand und großes Aufsehen erregte, benutzt, ja nur erwähnt hat.

Zweifel gegen die Echtheit des kaiserlichen Schreibens hat Luden (Geschichte des teutschen Volks IX, 638) geltend gemacht. Er kannte aber dasselbe nur aus der unvollständigen Raumer'schen Uebersetzung, und seine Bedenken werden meistens durch das vollständige Original widerlegt. Die Hauptgründe, aus denen Luden die Echtheit anzweifelt, sind folgende:

1. Es sei nicht ersichtlich, wann das Schreiben erlassen worden, da von der Verhaftung des Erzbischofs nicht die Rede sei. Diese Thatsache hat aber nur Raumer weggelassen, im Original findet sie sich und bildet den Schluß desselben. Der Kaiser muß das Schreiben sehr bald nach der Gefangennahme Adalbert's, wahrscheinlich in den letzten Tagen des J. 1112 von Erfurt aus, wo er das Weihnachtsfest zubrachte, erlassen haben.

2. Man sehe nicht, an wen das Schreiben gerichtet gewesen. — Der ganze Inhalt beweist deutlich genug, daß es ein öffentliches Rundschreiben war, das den Zweck hatte, der öffentlichen Meinung das Verfahren des Kaisers als gerecht und nothwendig erscheinen zu lassen. Es ist durchaus kein zweckloses Gerede, wie Luden meint, das in dem Actenstücke getrieben wird; die sehr ersichtliche Tendenz ist, Adalbert als Hochverräther und Verschwörer hinzustellen, gegen den der Kaiser nur Nothwehr übt.

3. Der Ton des Schreibens sei nicht mit Heinrich's Character zu vereinigen; das laute Klagen widerspreche seinem stolzen Wesen. — Dagegen braucht man nur auf das spätere Schreiben Heinrich's an die Mainzer hinzuweisen (Cod. Ud. Nr. 177 bei Jaffé V, 310), das in dem Ton und der Ausdruckweise nahe Verwandtschaft mit dem Manifest zeigt und ganz ähnliche leidenschaftliche Klagen über Adalbert's Treulosigkeit enthält [1]).

---

[1]) Z. B. die Wendung: sed et omnes, qui in regno nostro sunt, sciunt, omnes clamare possunt, et si hi tacuerint, lapides clamabunt.

4. Der Inhalt des Documentes sei nicht begreiflich, und die geschichtliche Wahrheit der erhobenen Beschuldigungen sehr zweifelhaft. Das letztere ist bei einer Parteischrift, in der die Absicht herrscht, den Gegner moralisch zu vernichten, sehr erklärlich. Darauf, ob Adalbert Zeit hatte, die ihm zur Last gelegten Dinge in der kurzen Zeit seiner erzbischöflichen Verwaltung wirklich zu unternehmen, kommt es nicht an; es waren das eben Verdächtigungen, die der Kaiser möglichst gehäuft hat. Die Ereignisse in Worms während der Krankheit Heinrich's V. sind nicht mehr unerklärlich, wenn man sie mit den Nachrichten Landulf's in seiner Mailändischen Geschichte vergleicht. Von den mehreren Reichstagen, die nach der Unterredung Adalbert's mit dem Kaiser in Worms stattgefunden haben sollen, spricht nur Raumer in seiner Uebersetzung, das Original hat nichts davon.

Für die Echtheit des Manifestes spricht meines Erachtens vor allem, daß die in ihm erwähnten Umstände sich vollkommen mit den sonst beglaubigten Thatsachen in Uebereinstimmung bringen lassen, und dieselben nur ergänzen, ihnen aber nirgends widersprechen. Daß das Actenstück Luden so sehr sonderbar erschien, rührt daher, daß eine Menge bisher ganz unbekannter geschichtlicher Thatsachen durch dasselbe erst zum Vorschein kamen. Stenzel (I, 655) hat es mit Recht eine sehr dankenswerthe Erweiterung urkundlicher Nachrichten aus jener Zeit genannt.

Kehren wir jetzt zur Erzählung zurück. Adalbert hatte, wie sich aus den Urkunden ergiebt, den Sommer 1112 am Hofe des Kaisers verweilt, er nahm an dem Kriegszuge gegen Lothar von Sachsen und Rudolf von der Nordmark Theil und war bei der Belagerung von Salzwedel gegenwärtig. An diesem Orte bestätigte am 16. Juni Heinrich V. einen Gütertausch, den Adalbert mit dem Erzbischof Adalgot von Magdeburg abgeschlossen hatte, auf Bitten beider [1]). Im Juli verweilte der Kaiser bei Adalbert in Mainz, in der Mitte des Oktober in Frankfurt. Hier noch befand sich der Erzbischof in seiner Umgebung, und auf seine und mehrerer anderer Fürsten Verwendung bestätigte Heinrich am 16. Oktober der Stadt Worms ihre Zollfreiheit in den schmeichel-

---

[1]) S. die Urkunde bei Guden I. 390.

haftesten Ausdrücken für die Treue der Wormser¹), die freilich nach dem kaiserlichen Manifeste sehr wandelbar gewesen zu sein scheint. Das äußere Einvernehmen zwischen dem Kaiser und dem Erzbischof muß also damals noch ein leibliches gewesen sein, aber bald verschwindet dieser Schein. Schon vom 30. November an, also sechs Wochen später, wird Adalbert nicht mehr als Erzkanzler in den kaiserlichen Urkunden genannt, der Kanzler Bruno zeichnet in eignem Namen, ohne Erwähnung der Stellvertretung für den Erzkanzler²). Dieses Moment bezeichnet den Eintritt der Katastrophe, man darf danach den Bruch in den November 1112 setzen.

Für die Ereignisse, welche dazu geführt haben, ist die Darstellung des kaiserlichen Manifestes unsre einzige Quelle. Glaubt man den Worten Heinrich's V., so hätte Adalbert seit seiner Erhebung auf den Stuhl von Mainz ein völlig verändertes Wesen gezeigt und eine im höchsten Grade übermüthige und herausfordernde Haltung angenommen. „Wie ein König sei er auftreten, habe unermeßliche Reichthümer aufgehäuft, große Schaaren von Rittern und bewaffneter Mannschaft um sich versammelt, sich eigenmächtig in den Besitz kaiserlicher Schlösser gesetzt, ihm anvertraute Burgen des Kaisers für sich behalten. Er habe kaiserliches Hausgut, Kirchengüter und Besitzungen des Reichs, ja alle königlichen Hoheitsrechte am jenseitigen Rheinufer, Bisthümer und Abteien an sich gerissen; bewaffnete Schaaren habe er durch Bestechung und List gegen den Kaiser zusammengebracht und selbst gegen die Hoheit des Reichs gefrevelt³)." Dann kommt die Erzählung von den Ereignissen zu Worms während der Krankheit des Kaisers, wo er sich mit Gewalt der Reichsinsignien zu bemächtigen gesucht, und die Wormser zu dem Mordanschlage auf den Kaiser angestiftet habe. „Als er aber sah", fährt Heinrich fort, „daß er auf diesem Wege nichts erreichte, versuchte er, den Herzog Friedrich, meinen Schwestersohn, mit Aufgebot aller seiner Arglist, dahin zu bringen, daß er sich gegen mich empöre und sich seinen hochverrätherischen Plänen anschließe. Als er auch da-

---

¹) Stumpf 3091. (Ludewig, Reliquiae manuscr. II, 180).
²) Stumpf 3092.
³) „In ipsum imperii nomen intendere non formidat."

mit scheiterte, stachelte er Ludwig von Thüringen und Wiprecht von Groitsch zum Aufstande gegen uns auf und streute den Samen der Zwietracht in ganz Sachsen aus. Damit noch nicht zufrieden, trieb er durch seine Rathschläge den Erzbischof von Vienne, entgegen den göttlichen Geboten, dem Recht der Gesetze und den uns übergebenen bei Strafe des Bannes eingeschärften Decreten des Papstes, zur Erneuerung des kirchlichen Streites an [1]), und suchte die ganze Lombardei durch ähnliche Künste in Aufruhr zu bringen. Seine Verräthereien," fügt der Kaiser hinzu, „seine Meineide, seine Schandthaten im einzelnen aufzuzählen, ist für das menschliche Gefühl des Hörers zu grausam, aber das meiste ist so klar und offenkundig, daß es niemanden unbekannt geblieben sein kann."

Nach der Darstellung des Kaisers spielten sich nun die Ereignisse in folgender Weise ab: Heinrich V. beschloß auf den Rath seiner Getreuen, Maßregeln gegen die von Adalbert drohenden Gefahren zu ergreifen und beschied ihn zunächst an seinen Hof; der Erzbischof aber erklärte, er werde sich nur in Worms stellen. Der Kaiser gab dieser Forderung nach und verfügte sich (Ende November) nach Worms, wo nun auch Adalbert, umgeben von einer starken Schaar Bewaffneter erschien. Nach Heinrich's Versicherung hätte jener auch die Bürgerschaft der Stadt gegen ihn bewaffnet und das kaiserliche Hoflager mit Reisigen umstellt. Der Kaiser, der nur mit geringer Begleitung erschienen und deshalb trotz seines Ingrimmes genöthigt war, mit Mäßigung aufzutreten, stellte, unterstützt von den anwesenden Bischöfen und Fürsten, nur die Forderung an den Erzbischof, die Marienburg, die er ihm und der Kirche von Speyer entrissen, wieder herauszugeben. Darauf soll Adalbert erwidert haben: „Weder die Burg werde ich bei meinen Lebzeiten herausgeben, noch für nichts euch Dienste leisten; um euch und euer Gut aber würde ich mich, wenn ich es entbehren könnte, nicht im mindesten kümmern." Nach dieser Antwort begab er sich auf den Heimweg nach Mainz, nachdem er das Versprechen gegeben hatte, den Kaiser demnächst nach Sachsen auf dem Heereszuge gegen die Aufständischen begleiten zu wollen. Heinrich behauptet nun, die Verschwörung

---

[1]) „Viennensi Burgundo scisma suadet."

und der Verrath seien ganz offen betrieben; man habe ohne Hehl Erfurt als den Ort seiner Ermordung öffentlich bezeichnet; Adalbert habe dem Complot angehört. Noch in Worms muß dann, wie wir sahen, dem letzteren die Erzkanzlerwürde entzogen sein. — Bald darauf brachen der Kaiser und der Erzbischof, der eine von Worms, der andere von Mainz aus, nach Sachsen auf, und obwohl beide denselben Weg verfolgen mußten, weigerte Adalbert sich dennoch, sich dem Kaiser anzuschließen, wie dieser verlangte. Aber der Zufall wollte es, daß Adalbert, der die Absicht hatte, am kaiserlichen Heere vorüber zu ziehen, jedoch dessen Nähe nicht ahnte, sich plötzlich dem Kaiser gegenüber sah, ohne die Möglichkeit ihm auszuweichen [1]). Er fand rasch seine Fassung und gab sich den Schein, als komme er um ein Gespräch anzuknüpfen. Der Kaiser aber wiederholte jetzt seine Forderung, er möge die von ihm besetzte Marienburg herausgeben; Adalbert erwiderte, nie in seinem Leben werde er das thun. Darauf forderte Heinrich hitziger werdend, die übrigen dem Erzbischof verliehenen Burgen zurück und fügte die Drohung hinzu, er werde ihn nicht vom Platze lassen, bis er das seinige wieder habe. Als Adalbert sich dadurch nicht einschüchtern ließ, griff der Kaiser, die günstige Lage benutzend, zu demselben Mittel der Gewalt, das er schon mehrfach gegen seine Gegner mit Erfolg angewendet hatte: er ließ den Erzbischof gefangen nehmen. — Die That geschah bei dem Orte Langendorf an der Saale in Unterfranken [2]), in der

---

[1]) Forte tamen, dum praeterire nos vellet, accidit, ignarus nostri ut in via nos offenderet nullaque salva occasione transire posset.

[2]) Ann. Corbejenses (M. G. SS. III, 7): Adelbertus designatus Moguntiae, capitur a rege in Langesdorp. Unter Langesdorp kann kein anderer Ort als das fränkische Langendorf zu verstehen sein, das zwischen Hammelburg und Kissingen an der Saale liegt. Der nächste Weg vom Mittelrhein nach Thüringen und Sachsen führte durch Unterfranken. An das oberhessische Langendorf ist wohl nicht zu denken. — Leuckfeldt Antiquit. Katlenburgenses S. 25 hat die Fabel aufgebracht oder nacherzählt, die Gefangennahme Adalbert's sei erfolgt, als er von der Einweihung des Klosters Katlenburg zurückgekehrt sei, zwischen Katlenburg und Lindau (im Göttingen'schen) im sog. Eichholz, das davon noch heute „des Bischofs Reich" heiße. Diese Geschichte stützt sich auf die Annahme, daß Adalbert im J. 1112 das Kloster Katlenburg besucht und eingeweiht habe. Nun geht allerdings aus einer Urkunde Adalbert's II. (Scheidt, Origines Guelficae IV, 545) hervor, daß sein Oheim diesem Kloster eine Zehntenschenkung gemacht habe; sie wird eben vom Neffen

ersten Hälfte des December 1112. Der Kaiser setzte von dort seinen Weg nach Erfurt weiter fort und brachte hier die Weihnachtszeit zu. Seine Befriedigung über den gelungenen Streich spiegelt sich in den Schlußworten des Manifestes wieder: „Die gepriesene göttliche Allmacht, die den Nacken der Stolzen und Uebermüthigen beugt, die den Hochmüthigen Halt gebietet, hat auch jenen, der bei der Ausführung des schändlichsten Frevels ergriffen und überführt wurde, in meine Hände geliefert." Der ganze Character des Kaisers läßt es nicht unmöglich erscheinen, daß die Gefangennahme Adalbert's überhaupt das Resultat eines schon länger berechneten und vorbereiteten Planes war.

Wohin Adalbert in Haft gebracht wurde, ist nicht überliefert. Früher nahm man allgemein aus Mißverständniß der Hildesheimer Annalen an, er sei in Trifels eingekerkert worden, jedoch mit Unrecht, denn Trifels gehörte zu den von ihm besetzten Reichsburgen und gelangte erst im folgenden Jahre wieder in den Besitz des Kaisers [1]). Eben so wenig wissen wir, ob der Erzbischof vom Kaiser zuvor nach Erfurt mitgeführt, oder sofort in festen Gewahrsam gebracht wurde. Giesebrecht III, 842 erzählt, Adalbert sei von Heinrich V. vor ein

---

bestätigt. Aber wann dieses geschehen sei, darüber fehlt jede beglaubigte Nachricht. Leuckfeldt sagt, die betreffende Urkunde sei verloren. Vergl. Joannis I, 535.

[1]) Noch Stenzel und Gervais, ja selbst der neueste Schriftsteller über Trifels: Faber, die Reichsfeste Trifels in der Geschichte (Speyer 1871), geben diese Burg als Ort der Haft an. Die Annahme ist, wie Giesebrecht III, 1193 bemerkt hat, aus einer irrthümlichen Auslegung der Hildesheimer Annalen entstanden, wo es zum J. 1113 heißt: Imperator Wormacie pascha celebrat. Eo adducitur episcopus Moguntinus. Triveles imperatori redditur; denuo custodiae mancipatur. Man hat früher fälschlich verbunden: Eo adducitur episcopus Moguntinus Triveles, imperatori redditur, so daß Adalbert von Trifels nach Worms gebracht wäre. Der Text der Monumente giebt die richtige Interpunction; nur wäre nach Scheffer-Boichorst nicht redditur, sondern reddit in den Kölner Annalen zu lesen, und danach der Text der Hildesheimer zu verbessern. — Den Trifels als Gefängniß Adalbert's haben zuerst die Pöhlder Annalen angegeben, wahrscheinlich schon aus Mißverständniß ihrer Quelle, der Hildesheimer Annalen. Die Stelle der Pöhlder Annalen selbst ist nicht mehr erhalten, wohl aber ihre Uebersetzung in der Repgauischen Chronik, wo es heißt (ed. Schöne S. 53): bischop Adelbrecht ward gevangen, unde ward gevord to Drivels, unde ward dar behalden. Diese Stelle kann demnach nicht als Autorität gelten. — Leudfeldt a. a. O. läßt den Erzbischof auf Rustenberg im Eichsfelde gefangen sitzen, Latomus (Katalog der Mainzer Erzbischöfe bei Mencken III, 492) auf dem Ehrenfels bei Bingen;

Fürstengericht gestellt und von diesem zu strenger Kerkerhaft verurtheilt worden, und beruft sich dafür auf Ekkehard. Allein es scheint mir nicht gestattet, dies aus dem allgemeinen Ausdrucke Ekkehard's: „re cognita", heraus zu lesen; mit so dürftigen Worten konnte ein Zeitgenosse einen so außerordentlichen Vorgang, wenn er ihn überhaupt erwähnte, kaum abthun, abgesehen davon, daß der Ausdruck doch allzu unbestimmt ist [1]). Anselm von Gembloux in seiner Fortsetzung der Chronik Sigebert's dagegen sagt bestimmt: Adalbert sei ohne rechtliches Gehör und Urtheil gefangen gesetzt, und beschreibt, welchen Schrecken diese Maßregel im Reiche hervorgerufen habe [2]). Der Schritt des Kaisers würde auch den Zeitgenossen nicht so empörend erschienen sein, wenn ein geordnetes rechtliches Verfahren stattgefunden, wenn ein Hofgericht, gebildet aus den Fürsten als Beisitzern, den Angeklagten schuldig befunden hätte. Das ganze Odium der That aber fiel auf Heinrich allein, und seine Handlungsweise wurde von Freund und Feind verurtheilt [3]). Er selbst sagt in seinem Manifest nur, Adalbert sei der ihm zur Last gelegten Verbrechen überführt worden; hätte ihm die moralische Unterstützung eines Rechtsspruches der Fürsten zur Seite gestanden, so würde er dies sicher angeführt haben. Daß der Kaiser mit seinen Höflingen und abhängigen Ministerialen den Schein eines gerichtlichen Verfahrens gewahrt hat, ist immerhin möglich. Ein dem Rechte entsprechendes Prozeßverfahren hat nicht stattgefunden. [4])

Der Eindruck, den Adalbert's Gefangennahme machte, war außerordentlich. In fast allen Annalen und Chroniken der Zeit findet sich die Nachricht eingetragen, sie drang bis in die entlegensten Klöster [5]).

— beides, wie es scheint, willkürliche Erfindungen, denn beide Burgen gehörten den Mainzer Erzbischöfen, und Ehrenfels wurde überhaupt erst viel später erbaut.

[1]) Ekkehard, 246: reque cognita custodiae ab illo traditur.
[2]) M. G. SS. VI, 376 (z. J. 1115): Etenim quia superioribus annis Albertum cancellarium et alios quosdam regni principes insidiose ceperat et sine audientia et judicio custodiae mancipaverat, aliis similia timentibus suspectus erat.
[3]) Brief des Papstes im Cod. Ud. Nr. 163 (Jaffé V, 290): Qua de re multi profecto tam amici quam inimici locuntur adversus te.
[4]) Auch die Ausdrucksweise der Corveyer Annalen: convictus conspirasse contra eum, ist zu unbestimmt, um dies folgern zu können.
[5]) Es berichten darüber Ekkehard, die Paderborner Annalen und ihre Ablei-

Aber wie erwähnt, wurde des Kaisers Verfahren allgemein gemißbilligt, und an die Wahrheit der gegen Adalbert ausgesprochenen Beschuldigungen glaubten nicht viele. Der Umstand schon, daß Heinrich V. es nöthig fand, sich öffentlich vor der Menschen zu rechtfertigen, spricht dafür, daß er die Meinung der Welt gegen sich hatte. Durch die maßlose Heftigkeit seiner Anklagen, durch die gehässigsten Verdächtigungen suchte er die mangelnden Beweise von Adalbert's Schuld zu ersetzen. Furchtbar muß sein Haß gegen den früheren Günstling gewesen sein, er überbietet sich förmlich in giftigen Insinuationen: „Alle, die ein fühlendes Herz haben", heißt es, „müssen empört sein über den Abfall und den Verrath, der den Judaskuß des Friedens auf den Lippen trägt; jedes treue Gemüth muß starr werden über solche teuflische Untreue. Aus dem Staube haben wir jenen erhoben, aus einem unbemittelten Menschen zu einem reichen Fürsten gemacht. Er aber erhebt sich über die Menschen, wirft die Bande der Treue ab, und überschreitet alles menschliche Maaß; weder Gott noch Menschen achtend, verletzt er die göttlichen Gesetze. Den Frieden hat er gebrochen, die Einheit der Kirche zerstört, die geschworenen Eide wie bloße Worte behandelt, er, der Belialssohn."

Es ergiebt sich aus der Natur dieses Actenstückes von selber, daß den thatsächlichen Beschuldigungen desselben nur in so weit Glauben zu schenken ist, als andere Momente sie wahrscheinlich machen; alles übrige muß dem Verdachte der Entstellung und Verdrehung unterliegen. Suchen wir danach die einzelnen Anklagepunkte zu prüfen, so scheinen zunächst die angeblichen Versuche Adalbert's gegen das Leben des Kaisers lediglich dem Argwohn, wenn nicht der Verdächtigungsabsicht Heinrich's entsprungen. Wir haben für dieselben gar kein anderes Zeugniß, und es macht den Eindruck, als seien sie zur Erhöhung der Wirkung erfunden worden, um die Pläne der Empörer noch hochverrätherischer und gefährlicher erscheinen zu lassen. Dagegen hat das, was der Kaiser über die veränderte Haltung Adalbert's, sein stolzes hochfahrendes Wesen und sein Streben nach Machterweiterung sagt, Anspruch auf Wahrscheinlich-

tungen, die Erfurter St. Peterschronik, die Gesta Treverorum, die Annalen von Corvey, Disibodenberg, Rosenfeld, Ottobeuern, Pöhlde, Ellwangen; auch Otto von Freising, Helmold und die Petershäuser Chronik.

keit, wenn auch die Einzelheiten stark übertrieben sein mögen. Das spätere Leben des Erzbischofs beweist genügend, daß er mit allen Mitteln seine fürstliche Macht zu erweitern, seinen Reichthum zu vermehren suchte. Er liebte es, mit dem Glanze des Fürsten aufzutreten und sich mit einer zahlreichen Ritterschaft zu umgeben [1]). Die Haltung, die er als hoher Kirchenfürst einnahm, wird sich wahrscheinlich von derjenigen sehr unterschieden haben, die er als Kanzler, als abhängiger Beamter, dem Kaiser gegenüber zeigte, und er mag seine frühere Devotion gegen denselben rasch genug vergessen haben. Besonders aber scheint den Kaiser Adalbert's Umsichgreifen am Rheine gereizt zu haben, und diese Beschuldigung ist allerdings durch Thatsachen unterstützt. Daß in Speyer sein Einfluß herrschte, ist erklärlich, da hier sein Bruder Bruno den bischöflichen Stuhl einnahm; aber auch in Worms muß er die Bürgerschaft an sich zu ziehen gewußt haben, das geht aus seiner Antwort an den Kaiser, nur an diesem Orte wolle er sich ihm stellen, und aus dem Umstande hervor, daß Heinrich in Worms nicht gegen ihn einzuschreiten wagte; die Wormser bewiesen sich überhaupt gegen das Regiment des Kaisers sehr aufsässig. Auch die reichen Abteien jener Gegenden mögen vor Adalbert's Begehrlichkeit nicht sicher gewesen sein. Gewiß aber ist, daß derselbe die beiden Reichsburgen Trifels und Marienburg [2]) besetzt

---

[1]) Nach Ordericus Vitalis (M. G. SS. XX, 69) zog er nach Reims zum Concil mit einem Gefolge von 500 Rittern.

[2]) Die Marienburg scheint dem Kaiser und dem Bisthum Speyer gemeinschaftlich gehört zu haben. Nach Giesebrecht III, 839 wäre unter derselben (castrum b. Mariae) die jetzige Madenburg in der Rheinpfalz zu verstehen, allein ein Beleg dafür ist nicht gegeben. Die Madenburg ist urkundlich erst am Ende des 12. Jahrhunderts nachzuweisen (Lehmann, Geschichte der Burgen und Bergschlösser der bayr. Rheinpfalz I, 307) und kam erst 1517 durch Kauf an die Bischöfe von Speyer. Daß „Madenburg" aus „Marienburg" entstanden sein sollte, ist nicht wahrscheinlich; zwar kommt die erstere auch unter dem Namen „Magdenburg, Maidenburg" vor, aber das weist nicht auf Marienburg. — Wo ist diese nun zu suchen? In einer Urkunde Kaiser Karl's V. vom 2. Mai 1541, in der die Besitzungen des Bisthums Speyer aufgezählt und bestätigt werden (Remling, Urkundenbuch zur Geschichte der Bischöfe von Speyer II, 539) wird ein castrum Marientraut genannt, dasselbe lag etwa zwei Stunden westlich von Speyer entfernt. Obwohl ich dieses Schloß in mittelalterlichen Urkunden nicht nachweisen kann, so glaube ich, hat es doch mehr Anspruch für das alte castrum b. Mariae gehalten zu werden, als die Madenburg. Aus Marienburg konnte leicht Marientraut werden.

hielt und sich weigerte, sie heraus zu geben; ob sie ihm vom Kaiser verliehen waren oder ob er sich auf eigne Faust derselben bemächtigt hatte, ist freilich nicht zu entscheiden. Diese beiden Burgen bildeten den Hauptzankapfel und gaben den äußeren Anlaß zum Bruche. Trifels wurde dann später dem Kaiser ausgeliefert.

Die beiden gewichtigsten Punkte aber in der kaiserlichen Anklageschrift bilden Adalbert's Verbindung mit den sächsischen Fürsten und sein Einverständniß mit den kirchlichen Gegnern Heinrich's V. Beide Beschuldigungen werden durch das spätere Leben des Erzbischofs thatsächlich vollauf erwiesen, und es kann nur die Frage sein, ob er bereits vor dem Tage von Langendorf sich mit den Feinden des Kaisers eingelassen, oder erst nach der Befreiung aus seiner Haft aus Rache diesen Bund eingegangen ist. Ekkehard hält es für unwahrscheinlich, daß Adalbert im J. 1112 sich an der Verschwörung der sächsischen Fürsten betheiligt habe, Helmold und der Pöhlder Annalist dagegen erzählen es sehr positiv, und erklären ihn sogar für das Haupt der Verschwörung[1]). Völlig bewiesen ist danach die Thatsache nicht, aber doch sehr wahrscheinlich, wenn man berücksichtigt, wie eng später das Verhältniß Adalbert's zu den Häuptern des sächsischen Aufstandes, namentlich zu Herzog Lothar und Bischof Reinhard von Halberstadt, war[2]) und erwägt, daß seine Opposition gegen den Kaiser sich naturgemäß den übrigen unzufriedenen Elementen anschließen mußte.

Ganz unzweifelhaft aber ist die veränderte Stellung Adalbert's in den kirchlichen Angelegenheiten, sein Anschluß an die strenge Kirchenpartei, die den Kaiser bekämpfte. In diesem Punkte stimmen die Zeugnisse der Quellen mit Adalbert's eigner Aussage überein. In dem Freiheitsbriefe, den er später den Mainzern ertheilte, sagt er: „Mitten in dem Laufe meines Glücks hat Kaiser Heinrich V. mich in die Finsterniß und Verborgenheit des Kerkers hinabgestoßen, lediglich wegen

---

[1]) Helmold I, 40: omnesque quos novarum rerum cupido trahebat, accepta quacunque occasione, rebellionis aggressi sunt molimina. Inter quos praecipuus erat famosus ille Adalbertus, Moguntinus episcopus, sociatis sibi quam pluribus, maxime vero Saxonum principibus etc.; — nachher: primo omnium ipsum auctorem rebellionis Mogontinum cepit episcopum.

[2]) S. den Brief Adalbert's bei Jaffé V, 520: qui (i. e. Reinhardus) cum personis et ecclesiis nostris unum corpus fuerit et anima una.

meines Gehorsams gegen die römische Kirche"[1]). Auch Ekkehard wirft ihm seine Betheiligung an den Umtrieben und Wühlereien der hierarchischen Partei, namentlich Guido's von Vienne vor, und schiebt ihm dafür die verwerflichsten Motive unter. „Anfänglich" sagt Ekkehard, „schien das Treiben des Erzbischofs von Vienne gegen den Kaiser ohne erhebliche Wirkungen zu sein. Dennoch aber begann durch seine Aussaat der Zwietracht überall das Gift der Unzufriedenheit sich einzuschleichen, so daß einige, die verderbliche Pläne gegen das Reich schmiedeten, auf den Gedanken kamen, diese Sache als Deckmantel für ihr Treiben zu gebrauchen." Das Erstaunliche und Räthselhafte aber dieses Parteiwechsels wird dadurch nicht aufgeklärt. Wie war es überhaupt möglich, daß ein Mann, der noch vor kurzem die päpstlichen Ansprüche heftig bekämpft hatte, der den Rechten der Kirche tiefe Wunden geschlagen und an der Mißhandlung des Oberhauptes derselben Theil genommen, sich jetzt der ihm verfeindeten Partei zuwendete, vertheidigte, was er bekämpft hatte? Lag diesem jähen Umschwung ein totaler Wechsel der Gesinnung zu Grunde? Man könnte glauben, es sei tiefe Reue und Zerknirschung gewesen, die die Umwandlung in Adalbert bewirkt habe, eine plötzliche Reaction des religiösen Gefühles von der Weltlust zur Buße, wie sie in jenen Zeiten häufig war. Allein dem widerspricht das ganze Gebahren des Erzbischofs; sein Sinn blieb nach wie vor durchaus den weltlichen Dingen zugewendet, sein Streben ging nach äußerem Glanz und Befestigung der fürstlichen Macht. Characteristisch für ihn ist eine Geschichte, die die Mönche des St. Peterklosters in Erfurt erzählten: er beraubte, „heißt es" in den Annalen desselben, „das Kloster und entzog ihm allen seinen weltlichen Besitz, indem er sagte, es schicke sich nicht, daß ein Abt reicher sei als ein Erzbischof[2])." Es ist schwer glaublich, daß dieser Mann aus innerer Ueberzeugung sein früheres Leben als Verirrung verdammt haben soll. Es müssen Gründe äußerer Natur gewesen sein, die ihn sobald nach der Veränderung seiner Lebensstellung zum Abfall von seiner Vergangenheit getrieben haben. Um so verdammenswerther erscheint freilich dieser Abfall. An

---

[1]) Guden I, 118.
[2]) Ann. S. Petri Erphesfurdenses z. J. 1112 (M. G. SS. XVI, 17).

der jetzt eingeschlagenen Richtung aber hat Adalbert sein ganzes späteres Leben hindurch unerschütterlich festgehalten: er blieb seitdem ein ebenso eifriger Vertheidiger der römischen Kirche und ihrer Ansprüche, wie er vorher an ihrer Demüthigung gearbeitet hatte. Er selbst hat sich später als einen Märtyrer für die Kirche dargestellt und den Gehorsam gegen dieselbe als einzigen Grund seiner Leiden bezeichnet. Allein anders urtheilten die Zeitgenossen; ich habe schon das Urtheil Ekkehard's angeführt, wonach Adalbert die Sache des Papstes nur als einen Aushängeschild für seine reichsfeindlichen Pläne gebraucht habe. Ähnlich sieht Helmold die Sache an; am härtesten aber äußert sich der Verfasser der Petershäuser Chronik. „Der Erzbischof", sagt dieser, „suchte den König der Herrschaft zu berauben, angeblich um den Papst zu rächen, in Wahrheit aber mehr vom Ehrgeiz, als von Gerechtigkeitsliebe geleitet." [1] Es mußte in der That als eine unerhörte Frechheit erscheinen, wenn derselbe Mann, dem allgemein die Schuld an der Gefangennahme des Papstes zugeschrieben wurde, jetzt als Rächer dieses Frevels sich geberden wollte, um seine Opposition gegen den Kaiser zu rechtfertigen.

Die letzten Beweggründe von Adalbert's Abfall zu bezeichnen, ist schwierig. Wenn ihm die Sache der Kirche nur Vorwand war, welche Pläne verfolgte er dann? Für welche Zwecke arbeitete er in Wirklichkeit? Offenbar lag in Adalbert's Wesen ein starker Zug von Ehrgeiz und Herrschsucht; das beweist seine unablässige Einmischung in die weltlichen Händel, seine rastlose politische Thätigkeit. Unter Heinrich's V. straffem Regimente war eine selbständige Politik für einen deutschen Fürsten nicht möglich; Heinrich wollte nicht seine Herrschaft mit den Fürsten theilen, seine despotische Natur ging darauf aus, die fürstlichen Gewalten zu brechen oder sie als Mittel für seine Zwecke zu benutzen. Mit Adalbert's ehrgeizigem Streben jedoch vertrug es sich nicht, einem despotischen Machthaber als Werkzeug zu dienen; er wollte herrschen, eine selbständige Rolle spielen, an der Spitze der Fürsten auf die Ge-

---

[1] M. G. SS. XX, 559. — Die Gesta Trev. cont. c. 19 berichten, „ob illatas regi molestias" sei Adalbert eingekerkert; die Ellwanger Annalen (M. G. SS. X, 19 sagen: „impia machinantem contra regem."

schicke des Reiches bestimmend einwirken. Das war eine Aufgabe, die eines Erzbischofs von Mainz würdig war. Zu diesem Ziele aber war nur auf dem Wege der Opposition gegen das Kaiserthum zu gelangen; nur die Beschränkung der kaiserlichen Gewalt sicherte dem deutschen Fürstenthum seine Selbständigkeit. Adalbert hat dies rasch begriffen; als der erste Vertreter der fürstlichen Gewalt nahm er mit Entschieden= heit die Traditionen jener Politik auf, die in den Zeiten Heinrich's IV. so große Erfolge errungen hatte. Durch den Bund der fürstlichen Macht mit der Kirche war das Kaiserthum gedemüthigt worden; diesen Bund versuchte Adalbert zu erneuern, um an seiner Spitze die höchste ge= bietende Stellung im Reiche, der sich auch der Kaiser beugen mußte, zu erlangen. Dies war ein Ziel, das selbst einen zügellosen Ehrgeiz reizen konnte und das zugleich in der Vergangenheit seine politische Begründung fand. Sehr rasch muß sich Adalbert über die Natur seiner neuen Stellung und den Weg, welchen ihm diese vorschrieb, klar geworden sein; ebenso rasch warf er seine ganze politische Vergangen= heit hinter sich und ging in das feindliche Lager hinüber. Auffallend bleibt dabei nur der gänzliche Mangel an Pietät und Dankbarkeit, die Rücksichtslosigkeit und Nichtachtung alles natürlichen Gefühls, mit der Adalbert den Schritt vollzog. Man kann den Haß Heinrich's V. sehr begreiflich finden, wenn man bedenkt, daß noch nicht viel mehr als ein Jahr darüber verflossen war, seit er jenen zur höchsten Stellung in Deutschland emporgehoben hatte. Auch die Gefahr, die in jenem er= neuten Bunde der Hierarchie und der deutschen Fürsten für das Kaiser= thum lag, läßt uns den Gewaltact Heinrich's in milderem Lichte er= scheinen. Der Character Adalbert's aber verdient den Tadel der Treu= losigkeit und Undankbarkeit, den Otto von Freising ihm ertheilt [1], in vollstem Maaße, und für ihn wird nicht leicht ein Urtheil zu hart sein.

Heinrich's V. nächste Schritte nach der Beseitigung Adalbert's richteten sich gegen die sächsischen Fürsten. Dieselben waren der kaiser= lichen Ladung nach Erfurt nicht gefolgt, das Schicksal des Mainzer Erzbischofs fürchtend, und wurden jetzt mit der Reichsacht belegt [2].

---

[1] Gesta Frid. I, 22.
[2] Ekkehard 247.

Der Kaiser drang in Sachsen ein, und ihm und seinem getreuen Hoier von Mansfeld gelang es in wenigen Monaten, den sächsischen Aufstand siegreich niederzuschlagen. Das Treffen von Warnstedt machte der Empörung ein Ende. Unterdessen aber beschäftigte sich alle Welt lebhaft mit dem Schicksal Adalbert's. Der Papst richtete sogleich, nachdem er die Kunde davon erhalten, ein Schreiben an den Kaiser (25. Januar 1113), in welchem er sich auf das angelegentlichste für die Freilassung des Erzbischofs verwandte.[1]) Er bezeichnet es als seine Aufgabe, dem Kaiser, im Gegensatz zu den Schmeichlern desselben, offen die Wahrheit zu sagen. „Wir wissen und haben es überall bestätigen hören", schreibt der Papst, „daß Adalbert dich über alles geliebt hat. In dieser Sache verdammen viele, Freunde wie Feinde, dein Verfahren." Schließlich ermahnt Paschalis den Kaiser, seine Person und seine Regierung nicht mit Schande zu bedecken, und Adalbert die Freiheit zu geben. — Diese Verwendung hatte keinen Erfolg, Heinrich mochte durch sie nur seinen Verdacht bestätigt sehen, daß auch der Papst den Umtrieben Adalbert's und Guido's von Vienne nicht fern geblieben sei. Eben so wenig erreichte die Fürsprache der deutschen Fürsten[2]). Der Kaiser befriedigte offenbar ein persönliches Rachegefühl, indem er Adalbert's Gefangenschaft so hart und grausam wie möglich vollstrecken ließ. In der engsten Haft wurde der Bischof gehalten[3]), ein Kerker im wirklichen Sinn des Worts nahm ihn auf, und alle möglichen Quälereien und Entbehrungen wurden über ihn verhängt; ja selbst die Qualen des Hungers und Durstes hatte er zu erdulden[4]).

Der Kaiser hielt sich gegen Ende März wieder in Worms auf und erhielt hier die Nachricht, daß seine gefährlichsten Feinde unschäd-

---
[1]) Cod. Udalr. Nr. 163 (Jaffé V, 290).
[2]) Die Worte der Ann. Col. Max. z. J. 1115 (M. G. SS. XVII, 751) „et quod regni primates non poterant" u. s. w. sind wohl auf eine solche Fürbitte zu beziehen.
[3]) Ekkehard 249: Adelbertum, quem artissima mancipaverat custodia.
[4]) Otto von Freising, Chron. VII, 14: Quem tamen rex captivatum et in carcere positum diversis tormentis et incredibili famis inedia afflixit. Vergl. Petershäuser Chronik III, 43 und Gesta Treverorum, cont. c. 19. — Helmold I, 40: quantas mortes in captivitate pertulerit.

lich gemacht seien: Pfalzgraf Siegfried war an seinen im Kampf erhaltenen Wunden gestorben, Wiprecht von Groitsch gefangen, Ludwig von Thüringen hatte fliehen müssen. Jetzt glaubte Heinrich den Moment gekommen, um auch Adalbert's Demüthigung vollenden zu können; er rechnete darauf, daß der Erzbischof, gebrochen durch die harte Kerkerhaft und nach der Niederlage der sächsischen Fürsten ohne Aussicht auf Befreiung, alle Forderungen, die man an ihn stellte, bewilligen, sich den härtesten Bedingungen unterwerfen würde, um dem Kerker zu entrinnen. Um Ostern (6. April 1113) ließ der Kaiser den Erzbischof aus seinem Gefängnisse nach Worms vor sich bringen. Aber Adalbert war noch nicht so tief gedemüthigt, daß er erniedrigenden Bedingungen sich unterwarf; nur den Trifels erklärte er sich bereit, dem Kaiser herauszugeben; alle anderen Forderungen scheiterten an seiner Festigkeit [1]). Heinrich, der sah, daß weiter in Güte nichts von ihm zu erlangen sei, ließ ihn daher in den Kerker zurückbringen, in welchem Adalbert noch mehrere Jahre schmachten sollte. Der Trifels aber kam in Folge der Abtretung des Erzbischofs in den Besitz des Kaisers zurück und blieb hinfort eine Veste des Reiches.

Heinrich V. stand in jener Zeit mächtiger da denn je: seine Feinde waren in seiner Hand, der Widerstand im Reiche war besiegt. Wiprecht von Groitsch wurde nach dem Trifels in Haft gebracht [2]), Ludwig von Thüringen war ebenfalls gefangen, und Bischof Reinhard von Halberstadt mußte sich demüthigen. Am 7. Januar 1114, auf der Höhe seines Glücks, feierte Heinrich seine Vermählung mit der englischen Königstochter Mathilde zu Mainz, und nahm hier die fußfällige Unterwerfung des Herzogs Lothar von Sachsen entgegen [3]). Aber selbst dieses Fest befleckte er mit einer Gewaltthat: Ludwig von Thüringen, der im Vertrauen auf des Kaisers wieder erlangte Gnade nach Mainz gekommen war, wurde von neuem gefangen gesetzt [4]). Diese schmähliche Behandlung deutscher Fürsten rief unter den Anwesenden laute Erbitterung hervor; aufrührerische Pläne wurden schon in Mainz

---

[1]) Paderborner Annalen z. J. 1113. (Ann. Col. und Hildesh., Ann. Sax.)
[2]) Ann. Pegavienses (M. G. SS. XVI, 251).
[3]) Otto von Freising, Chron. VII, 15. (M. G. SS. XX, 255).
[4]) Chron. Sanpetrinum, ed. Stübel S. 15.

gegen den Kaiser angesponnen, und die scheinbar hergestellte Eintracht im Reiche war jäh wieder zerrissen.

Heftiger brach jetzt der innere Kampf in Deutschland aus als zuvor. Erzbischof Friedrich von Köln trat an die Spitze des neuen Bundes der Fürsten gegen Heinrich V., ihm schlossen sich Friedrich von Arnsberg, Herzog Gottfried von Niederlothringen und viele andere mächtige Herren an [1]). Bald standen auch die Sachsen von neuem auf unter ihrem Herzog Lothar, dem Pfalzgrafen Friedrich, den Bischöfen Adelgot von Magdeburg und Reinhard von Halberstadt. Die Schlacht am Welfesholze am 11. Februar 1115 versetzte der Sache des Kaisers den empfindlichsten Schlag und vernichtete seine Herrschaft in Sachsen. Schon vorher aber war zu diesen feindlichen Elementen ein neues hinzugetreten; die streng kirchliche Partei richtete jetzt ihre Agitation gegen Heinrich V. nach Deutschland selber, und schloß den Bund mit den aufständischen Fürsten, den schon Adalbert angestrebt hatte. Bisher hatten die Umtriebe jener Partei auf deutschem Boden noch nicht recht Wurzel fassen können; Friedrich von Köln bewirkte nun mit Eifer ihre Verpflanzung dorthin. Er setzte sich mit dem päpstlichen Legaten Kuno von Präneste in Verbindung, der schon im Dezember 1114 auf einer Synode zu Beauvais den Kaiser mit seinen Genossen Burchard von Münster und Herrmann von Winzenburg mit dem Banne belegt hatte [2]), und verbreitete diesen Bannfluch in Deutschland. Ostern 1115 kam sogar Kuno von Präneste selbst nach Köln und sprach hier das Anathem über den Kaiser aus. Einen noch höheren Aufschwung nahm die Sache der vereinten kirchlichen und fürstlichen Opposition, als im September der Cardinallegat Dietrich in Sachsen erschien und auf einer Synode zu Goslar den Bund der sächsischen Bischöfe mit Rom erneuerte [3]).

So verlor der Kaiser immer mehr an Boden, seine Anhänger verminderten sich zusehends. Nur noch wenige Fürsten waren ihm treu geblieben, und er sah sich schließlich zu gütlichen Verhandlungen

---

[1]) Ekkehard, S. 248.

[2]) S. die beiden Schreiben im Cod. Udalr. Nr. 167 (Jaffé V, 294) und Epist. Bamberg. Nr. 18 (das. S. 512).

[3]) Ekkehard S. 248. Cod. Udalr. 170 (Jaffé S. 303).

mit seinen Gegnern genöthigt, an deren Versöhnung ihm um so mehr liegen mußte, da er bereits mit dem Plane einer neuen Fahrt nach Italien umging, um die Erbschaft der Gräfin Mathilde von Tuscien anzutreten. Heinrich berief daher die Fürsten zu einem allgemeinen Hoftage nach Worms auf den ersten November, mit der Zusicherung, jedem freies Gehör und Genugthuung für jeden Schaden zu geben, und alles was er gegen das Recht und aus Uebereilung gethan, nach dem Spruche der Fürsten wieder gut zu machen [1]). Aber die Einladung hatte nicht den gewünschten Erfolg, nur einige ergebene Bischöfe fanden sich beim Kaiser ein. Zu derselben Zeit aber waren die sächsischen Fürsten um den Cardinal Dietrich in Fritzlar versammelt und beriethen hier über die Ehre und den Vortheil des Reiches, d. h. über neue Angriffspläne gegen den Kaiser [2]). Heinrich wartete in Mainz vergeblich auf die Ankunft der Fürsten; seine Lage war die bedenklichste, er sah sich isolirt und außer Stande, den Ungehorsam zu beugen, dem Reiche Ruhe und Ordnung zurück zu geben.

Diesen Zeitpunkt der Bedrängniß des Kaisers hielten die Mainzer für günstig, ihm eine Concession abzupressen, die er in glücklichen Tagen freiwillig nie gegeben haben würde. Bürger und Clerus der Stadt waren empört, daß man ihnen ihren Erzbischof vorenthielt, und ihre Erbitterung gegen den Kaiser mochte durch die Anhänger Adalbert's gesteigert sein. In jenen ersten Novembertagen, als Heinrich rathlos der Fürsten harrte, brach der Aufstand in Mainz los: die Bürger, die Edlen, die erzbischöflichen Ministerialen schaarten sich unter Betheiligung der Geistlichkeit bewaffnet zusammen, unter der Führung des Burggrafen der Stadt, Arnold von Looz [3]), und umringten den kaiserlichen Pallast. Während die Ritter hinein drangen zum Kaiser und ihn mit

---

[1]) Ekkehard S. 249.
[2]) Ann. Hildesheim. (M. G. SS. III, 113).
[3]) Der Mainzer Stadtvogt oder Burggraf kommt in vielen Urkunden des Erzbischofs Adalbert vor, als comes urbis, praefectus urbis, advocatus urbis u. s. w. Derselbe hatte auch die Schirmvogtei des Erzstiftes (comes et advocatus Moguntinae ecclesiae, Guden I, 66). Er stammte aus dem Geschlecht der Grafen von Looz (Los oder Lon wird gewöhnlich geschrieben) und hatte durch Heirath die Mainzer Burggrafschaft und Schirmvogtei erworben. Vergl. Arnold, Verfassungsgeschichte der deutschen Freistädte I, 79.

den dringendsten Bitten und den Versprechungen unverbrüchlicher Treue beschworen, ihren Erzbischof aus dem Gefängnisse zu befreien, ergossen sich die Schaaren der Bürger in den Hof des Palastes und ordneten sich unter wüstem Lärm und Getöse, das die Herzen der Höflinge erbeben machte, zum Angriff. Es war voraus zu sehen, daß die wüthende Menge den Palast sammt seinen Insassen vernichtet haben würde, wenn man ihren Forderungen nicht nachgab. Der Kaiser sah keine Möglichkeit einer Vertheidigung; so fügte er sich dem Zwange und gab das Versprechen, innerhalb drei Tagen den Erzbischof frei zu lassen, ja er mußte sich bequemen, den Rebellen Geißeln für die Ausführung seines Versprechens zu stellen. Nur mit Mühe gelang es ihm, durch diese Concessionen die Wuth der Mainzer zu beschwichtigen [1]. — So war der treuen Bürgerschaft in kurzer Frist geglückt, was die Fürsten des Reiches nicht hatten durchsetzen können.

Jedoch verlangte auch der Kaiser Garantieen für die künftige friedliche Haltung Adalbert's [2]. Die Mainzer mußten eiblich geloben,

---

[1] Eine sehr anschauliche Schilderung dieser Vorgänge giebt Ekkehard (a. a. O. S. 249). Etwas anders stellen die Paderborner Annalen (Ann. Col. und Hildesh.) der Sache dar; der gegen den Kaiser ausgeübte Zwang wird hier nur entfernt angedeutet (tandem precibus eorum victus, tum etiam quasi vi pro temporis articulo coactus). Doch lassen sich beide Erzählungen gut vereinigen, denn den Drohungen werden Bitten vorausgegangen sein. Das Chron. Sanpetrinum erwähnt die Theilnahme des Burggrafen Arnold am Aufstande. Außerdem gedenken die Annalen von Disibodenberg und Rosenfeld, die Gesta Treverorum, die Petershäuser Chronik, Otto von Freising (Chron. VII, 14), Helmold und Adalbert selbst im Mainzer Freiheitsbriefe (Guden I, 116—121) der Befreiung des Erzbischofs durch die Mainzer.

[2] Die Angaben über die Bedingungen sind in verschiedenen Quellen zerstreut. Ekkehard erwähnt, daß der Kaiser Geißeln stellen und versprechen mußte, den Erzbischof binnen drei Tagen freizulassen. Heinrich V. selbst in seinem Schreiben an die Mainzer, Cod. Ud. Nr. 177 (Jaffé 310), beruft sich auf das Versprechen jener, ihren Erzbischof im Fall seiner Untreue aus der Stadt zu jagen. Man muß den Worten des Kaisers Glauben schenken, da er doch schwerlich mit ausdrücklichen Worten die Mainzer an einen Vertragsartikel erinnern konnte, der gar nicht bestand. („Quin inter alia specialiter hoc in nostra conventione fuit: ut quando aliquid contrarii moliretur nostrae dignitati, statim determinatis induciis transactis, vestro studio et labore expelleretur ab urbe.") Ueber die Geißeln, die die Mainzer dem Kaiser stellen mußten, spricht Adalbert in seinem Freiheitsbriefe und Heinrich V. in dem oben erwähnten Schreiben. Die übrigen

daß der Erzbischof in Zukunft dem Kaiser Treue bewahren und sich binnen Jahresfrist mit ihm gütlich auseinandersetzen werde; thue er das nicht, so solle er ohne weiteres in sein Gefängniß zurückkehren. Weigere er sich aber dieses letzteren, so sollten die vornehmsten Mainzer Bürger, wie sie der Kaiser auswählen würde, sich statt seiner stellen. Auf den Fall, daß Adalbert Feindseligkeiten gegen den letzteren unternehmen würde, sollten ihn die Bürger, wenn er sich nicht binnen bestimmter Frist verantworte, aus ihrer Stadt vertreiben. Für Erfüllung dieser Verpflichtungen stellten die Mainzer Geißeln. — Damit war aber dem Mißtrauen Heinrich's noch nicht genug geschehen: auch Erzbischof Bruno von Trier, der alte Gegner Adalbert's, leistete mit seiner Person für das Wohlverhalten und die Treue desselben Bürgschaft [1]). Sogleich nach Abschluß dieser Bedingungen verließ Heinrich Mainz, um dem Anblick seines Feindes aus dem Wege zu gehen. Schwerlich hat er übrigens geglaubt, durch alle jene Bürgschaften und Sicherheitsleistungen ein wirkliches Pfand für Adalbert's künftige Treue in den Händen zu haben; er wich lediglich dem Zwange und that, was noch möglich war, zu seiner Sicherung. Mindestens hatte er einige Objekte, an denen er seine Rache auslassen konnte, erlangt.

Bestimmungen der Uebereinkunft, die angegeben, sind in gleichzeitigen Quellen nicht zu finden, sondern nur in einer deutsch geschriebenen Chronik der Mainzer Erzbischöfe aus dem 16. Jahrhundert, die von Joannis benutzt und excerpirt wurde, erhalten. Böhmer (periodische Blätter f. d. Mitgl. der hist. Vereine von Hessen 1849, S. 172) setzt dieselbe nach den Sprachproben in den Anfang des 16. Jahrhunderts, doch sind wahrscheinlich ältere Quellen darin benutzt. Die hierher gehörige Stelle lautet nach Joannis I, 536: „doch dergestalt, wo sie für ihn sprechen „und bürg werden würden, so gedachter Erzbischof sich in jahrs-frist um seiner „aushandlung mit ihm nit vertragen, daß er sich dann ohne alle widerred oder „einige verhinderung in die gefengniß, in der er iezunder wäre, wiederum stellen, „oder wo das nit geschehe von ihm, daß dann etliche aus ihnen, die er ausdrück„lich nennen wäß und die fürnehmsten waren, sich an seine statt antworten sol„ten." Außer dieser Stelle sind noch zwei andere über die Geschichte Adalbert's erhalten. Die obigen Bedingungen sind der Lage der Dinge entsprechend; daß die Mainzer noch besondere Verpflichtungen für die Treue ihres Erzbischofs übernehmen mußten, deutet auch der Kaiser in seinem Schreiben an (et cum vos omnia bona promitteretis ab eo).

[1]) Gesta Trev. a. a. O. S. 193: non inde prius exire potuisset, quam iste, Bruno inquam, fidem faciendo, nunquam illum regi nociturum, pro ipso se obsidem regiae custodiae dedit.

Gemäß der getroffenen Verabredung wurde Adalbert nach drei Tagen aus seiner Haft entlassen, doch erst nachdem auch er Geißeln zu stellen versprochen hatte, und kehrte nach Mainz zurück, wo er mit Jubel empfangen wurde. Fast drei Jahre lang hatte er im Gefängniß geschmachtet, den schrecklichsten Leiden preisgegeben. Furchtbar hatten ihn die Jahre des Kerkers mitgenommen [1]: halbtodt vor Entkräftung, mit hinfälligem gebeugtem Leibe, kaum noch in den Knochen hängend, verließ er sein Gefängniß. Er selbst hat die Qualen, die er erduldete, in dem Mainzer Privilegium geschildert, und seine Worte finden volle Bestätigung durch die Nachrichten der Zeitgenossen [2]. Selbst der Kaiser hat indirect die schmähliche Behandlung seines Feindes zugestanden [3]. Nach solchen Vorgängen war eine aufrichtige Versöhnung zwischen Adalbert und Heinrich V. unmöglich, wenn auch äußerlich ein friedliches Verhältniß hergestellt wurde. Beide hegten fortan eine Todfeindschaft gegen einander im Herzen, die viele Jahre hindurch Unheil und Bürgerkrieg über Deutschland brachte. Adalbert's ganzes Streben war hinfort der Befriedigung der Rache, der rücksichtslosesten Wiedervergeltung gewidmet [4]. Mit rastloser Energie hat er die Feinde des Kaisers zum Kampfe gegen denselben geführt, den Bürgerkrieg immer von neuem entflammt, seinen Gegner und das Reich nicht zur Ruhe kommen lassen. Er wurde die Seele, das leitende Haupt im Kampfe der deutschen Fürsten und der römischen Kirche gegen Heinrich V.; er allein hat dem letzteren mehr geschadet als ganze Heere. Er hat am längsten dem Frieden, welchen zuletzt alle Parteien herbeisehnten, wider-

---

[1] Adalbert im Mainzer Privileg (Guden I, 118): donec me tandem .... corpore ex toto attenuatum, vix semivivum, sicut fideles filii patrem, in sua receperunt.

[2] Ekkehard: Adelbertum vix nimirum ossibus haerentem, ut coactus promiserat, kathedrae suae remisit. — Helmold I, 40: quantas mortes in captivitate pertulerit, non tam exesi corporis specie quam ultionis acerbitate expressit.

[3] Schreiben Heinrich's bei Jaffé V, 311: redintegrata sibi corporis et honoris potestate.

[4] Otto Fris. Chron. VII, 14: ipsumque (rex) de amicissimo inimicissimum ac regni sui pestiferum hostem divino judicio usque ad vitae terminum sensit.

strebt. Sein Hauptziel aber, das er erstrebte, der Sturz des Kaisers ist ihm nicht gelungen.

III. Adalbert im Kampfe gegen Heinrich V.

Nach seiner Befreiung mußte Adalbert sich zunächst den ihm vom Kaiser auferlegten Verpflichtungen nothgedrungen unterwerfen. Nachdem er sich von den Leiden des Kerkers etwas erholt hatte, begab er sich im Dezember 1115 nach Speyer. Hier überlieferte er dem Kaiser als Geißeln seine nächsten Verwandten, die Söhne seiner Brüder Friedrich und Sigebert, und bekräftigte eidlich die Schwüre der Mainzer [1]). Dadurch mochte Heinrich glauben einige Sicherheit erhalten zu haben, er gab Adalbert wenigstens die Würde eines Erzkanzlers zurück [2]). Aber das gute Einvernehmen war nur Schein. Sogleich nachdem der Erzbischof Speyer verlassen hatte, sandte er an den Cardinallegaten Dietrich, den Führer der päpstlichen Partei in Deutschland, Briefe und Boten, durch die er ihm seine Unterwerfung anzeigte, und ihn zugleich einladen ließ, einer in Köln abzuhaltenden großen Versammlung von Fürsten beizuwohnen; hier wolle man die Befehle des Papstes entgegennehmen, und er hoffe dort vom Cardinal die lange verzögerte Consecration zu erhalten [3]). Damit waren die feindlichen Operationen eröffnet; durch alle deutschen Lande gingen die Boten Adalbert's mit Einladungen zu der Kölner Zusammenkunft [4]); er vergaß Geißeln und Eide und setzte alles daran, um womöglich das ganze Reich gegen den Kaiser zu einigen, diesem seine Anhänger abtrünnig zu machen. Seine Bemühungen waren von Erfolg gekrönt: in Köln versammelte sich in den Weihnachtstagen des J. 1115 eine große Anzahl von Bischöfen und weltlichen Fürsten, unter letzteren Herzog Lothar von Sachsen [5]); selbst Bischöfe, die bisher zum Kaiser gehalten hatten, wie Otto von

---

[1]) S. den Brief Heinrich's an die Mainzer bei Jaffé V, 311.
[2]) Stumpf 3121 und 3123.
[3]) Ekkehard S. 249.
[4]) Heinrich V. in dem angeführten Schreiben: per totam Saxoniam et Thuringiam, Bavariam et Alemanniam amicos nostros tamquam inimicos contra nos ubique sollicitare coepit.
[5]) Ann. Hildesheimenses z. J. 1116.

Bamberg, erschienen hier. Der Cardinal Dietrich freilich konnte nicht Theil nehmen, denn auf dem Wege nach Köln war er gestorben, und nur sein Leichnam wurde hierher gebracht und in Gegenwart der Fürsten bestattet [1]. Aber die Pläne, die er entworfen, lebten fort: durch die Autorität der vornehmsten deutschen Bischöfe sollte der Beschluß der Excommunication über den Kaiser ausgesprochen und überall in Deutschland verbreitet werden, der letztere dadurch gänzlich isolirt und unmöglich gemacht werden. Die Gedanken Dietrich's wurden jetzt von der Versammlung ausgeführt, unter der Führung Adalbert's von Mainz und Friedrich's von Köln. Das Anathem wurde über Heinrich V. ausgesprochen [2], die Maßregeln des gegen ihn zu eröffnenden Kampfes vereinbart, ja vielleicht schon seine Absetzung in Aussicht genommen. Wenn es wahr ist, was der Petershäuser Chronist meldet, daß der Bann gegen den Kaiser von Adalbert wegen der Gefangennahme des Papstes geschleudert worden sei, so klingt das fast wie Hohn.

Heinrich V. hielt sich unterdessen mit einer kleinen Zahl von Anhängern in Speyer auf und sah mit Ingrimm das Treiben seiner Feinde, das zu hindern er keine Macht hatte. Er erkannte, daß seine Herrschaft selbst in Frage gestellt sei, daß er fast das ganze Reich gegen sich habe, und sandte den Bischof Erlung von Würzburg nach Köln, um einen Ausgleich zu versuchen. Aber der Bischof ließ sich selbst von den Feinden des Kaisers gewinnen, und weigerte sich nach seiner Rückkehr, mit diesem als einem Gebannten zu verkehren [3]. So rasche Erfolge errang die durch Adalbert's Energie neubelebte Oppositionspolitik.

In Köln wurde auch der Wunsch des Mainzer Erzbischofs, von einem streng kirchlich gesinnten Bischof die Weihe zu erhalten, erfüllt. Am 26. Dezember wurde er von Otto von Bamberg feierlich consecrirt, mehr als vier Jahre nach seiner Investitur [4]. Nach Ekkehard hätte der Kaiser der Vollziehung der Weihe Schwierigkeiten zu bereiten ge-

---

[1] Ann. Col. Max. (M. G. SS. XVII, 751); Ekkehard z. J. 1116; Chron. Sanpetr. 1116.
[2] Chron. Petrishus. III, 43; vergl. Ekkehard z. J. 1116 und Helmold (M. G. SS. XXI, 13).
[3] Ekkehard 249.
[4] Paderborner Annalen (Ann. Hildesh. und Ann. Saxo) z. J. 1116 und Ann. S. Disibodi (M. G. SS. XVII, 22). Beide Quellen geben das festum S. Stephani protomartyris als Tag der Weihe an; wenn die Disibodenberger Annalen hinzufügen: post octavam epiphaniae (13. Januar) so kann dieser Widerspruch mit der eignen Angabe nur aus einem Irrthum entstanden sein. — Gause S. 27 setzt die Weihe Adalbert's aus Mißverständniß Ekkehard's in das J. 1116.

sucht, doch vergeblich. Daß Adalbert übrigens, der selbst einst vom Kaiser die Investitur genommen, jetzt die Laieninvestitur als Ketzerei ansah, war selbstverständlich.

Heinrich V., der die ihm feindlichen Maßregeln nicht hatte hintertreiben können, suchte wenigstens ihren Urheber, der durch Geißeln und Eide ihm gegenüber gebunden war, in seine Gewalt zu bekommen: er entbot (etwa im Anfang Januar 1116) den Erzbischof zur Verantwortung nach Speyer. Dieser aber war klug genug, der Ladung nicht zu folgen [1]). Für diesen Ungehorsam mußten die vom Kaiser vergeißelten Mainzer büßen. Adalbert erzählt, daß sie schändlich behandelt worden seien, daß sie zum Theil verstümmelt in die Heimat zurückgekehrt, zum Theil in der Fremde durch Hunger und Krankheit elend zu Grunde gegangen seien, und er ruft dafür die Mainzer Bürger zu Zeugen an [2]). Auch wurde jetzt dem Erzbischof von neuem die Erzkanzlerwürde entzogen; seit dem Februar 1116 recognoscirt der kaiserliche Kanzler in eignem Namen [3]).

Unterdessen verbreiteten Adalbert und Friedrich von Köln überall das über den Kaiser verhängte Anathem, und entzogen diesem immer mehr Boden im Reiche. Heinrich, der einsah, daß unter diesen Verhältnissen in Deutschland nichts für ihn zu gewinnen war, entschloß sich zu einem neuen Zuge nach Italien, einmal um sich in den Besitz der Mathildischen Erbschaft zu setzen, sodann um vor allen den Papst für sich zu gewinnen und ihn von der kirchlichen Oppositionspartei zu trennen. Gelang das letztere, so war den Gegnern des Kaisers ihre Hauptstütze entzogen. Zu seinen Stellvertretern in Deutschland ernannte er seine beiden Neffen Friedrich und Konrad von Stauffen; ihnen und dem Pfalzgrafen Gottfried übertrug er die Fortsetzung des Kampfes [4]). In der zweiten Hälfte des Februar 1116 verließ

---

[1]) S. das Schreiben des Kaisers bei Jaffé V, 311. In der von Joannis benützten handschriftlichen Mainzer Chronik sind noch einige Details hinzugefügt, aber ohne besonderen Werth. So heißt es, der Kaiser habe Adalbert öfters mahnen lassen, seine Verpflichtungen zu erfüllen und weitere Bürgschaften zu stellen; dieser jedoch habe immer Ausflüchte gemacht und zuletzt erklärt, er sei nicht verpflichtet vor dem Kaiser zu erscheinen, da er keine Sicherheit für sein Leben habe („welches er zu thun, dieweil es ihm sein Leben berühret, vermeint nit schuldig zu sein"). Joannis I, 537.
[2]) Im sog. großen Privileg bei Guden I, 118.
[3]) Stumpf 3125 ff.
[4]) Otto von Freising, Chron. VII, 15 und Gesta Frid. I, 12. S. auch die beiden Schreiben im Cod. Ud. Nr. 176 und 177 (Jaffé, S. 310 und 12) und Giesebrecht III, 1198.

Heinrich V. Deutschland, ohne dort die Ruhe und Ordnung hergestellt zu haben.

Alsbald nach der Entfernung des Kaisers entbrannte der Bürgerkrieg im deutschen Reiche in furchtbarer Heftigkeit. Adalbert's rastlose Thätigkeit fachte überall die Funken der Opposition zur vollen Flamme an und trieb zum unversöhnlichen Kampfe gegen den Kaiser und seine Anhänger. Ekkehard entwirft ein schreckliches Bild von der Anarchie, die alle Lande zerrüttete. „Ein jeder," heißt es bei ihm, „handelte „nur nach eigenem Gutdünken, nicht nach dem Gesetze. Anfangs ver„wüsteten sich beide Theile gegenseitig die Aecker und plünderten die „Bauern aus. Bald tauchten überall Räuberbanden auf, die ohne „Unterschied der Person und Zeit raubten und stahlen, Ueberfälle „machten und mordeten, und sich daran vergnügten, den Unterlegenen „nichts übrig zu lassen. Es würde zu weit führen, die Anschläge des „Mainzer Erzbischofs gegen die Anhänger des Königs, und dieser gegen „jenen einzeln zu erzählen; zu beschreiben, wie manche Städte ihrer Bi„schöfe beraubt, wie neue Befestigungen angelegt und von beiden Seiten „so viel Burgen als möglich zerstört wurden; die Verwüstung der „Länder mit Feuer und Schwert, die Kämpfe und Metzeleien der Ritter, „die Bedrückung der Armen und Pilger und die schändliche und barbarische „Behandlung der Gefangenen, wie sie von christlichen Heeren gegen „Glaubensgenossen geübt wurde, zu schildern." — An diesen Zuständen fällt Adalbert ein Häuptantheil der Verantwortung zu, denn er war jetzt der anerkannte Führer der Aufständischen [1]). Gleich nach des Kaisers Entfernung rückte er mit bewaffneter Macht vor Speyer und versuchte die dem Kaiser treu gebliebene Stadt zu überrumpeln, aber es gelang ihm nicht, und er mußte erfolglos abziehen [2]). Doch kam Speyer deshalb nicht zur Ruhe, über Bürgerschaft und Clerus wurde die Excommunication ausgesprochen, und die Stadt auf alle Weise geschädigt [3]). Darauf belagerte Adalbert mit verstärkten Schaaren die

---

[1]) Otto Fris. Gesta Frid. I, 13: quod praedictae factionis caput et auctor fuerat.
[2]) S. das Schreiben Heinrich's bei Jaffé V, 311: Spiram, quod in cor nostrum altius ascendit, armata manu et erectis militaribus signis violenter invadere voluit. Weshalb Giesebrecht III, 885 diesen Überfall grade zu Ostern setzt, ist mir nicht klar.
[3]) S. das Schreiben des Speyerer Klerus an den Kaiser im Cod. Ud. Nr. 176; (Jaffé S. 309).

kaiserliche Burg Strumburg in der Nähe von Bingen und zerstörte sie
von Grund aus. Auch andere kaiserliche Burgen wurden von ihm be=
lagert, aber wie es scheint, ohne Erfolg [1]).

Friedrich von Schwaben, der sich unterdessen zur Sammlung von
Streitkräften auf das linke Rheinufer nach den Grenzgebieten des Reiches
gegen Frankreich hin zurückgezogen hatte, setzte sich jetzt in Bewegung,
zog von Basel aus das Rheinthal hinunter und brachte allmählich das
ganze linke Ufer des Stroms bis Worms hin in seine Gewalt, indem
er schrittweise vordringend eine Burg nach der anderen bezwang, an
geeigneten Punkten neue Burgen anlegte und die alten befestigte [2]).
Im Juli 1116 gelang es ihm mit dem Pfalzgrafen Gottfried und den
übrigen Anhängern des Kaisers, sich in Worms festzusetzen. Da aber
rückten Adalbert und die ihm verbündeten Fürsten in den ersten Tagen
des August mit einem Heere heran, und lagerten sich vor den Thoren
der Stadt [3]). Da eine Belagerung Schwierigkeiten machen mochte,
begann man Unterhandlungen, und die Fürsten beider Parteien hielten
eine Zusammenkunft, um über den Frieden zu berathen, wobei es frei=
lich zu einer Einigung nicht kam, da die Belagerten die ihnen gebotenen
Bedingungen nicht annahmen. Unterdessen aber machten die Wormser,
die ihre Kampflust nicht zügeln konnten, ohne Vorwissen der Fürsten,
einen Ausfall auf die Belagerer, wurden jedoch von diesen blutig zurück=
gewiesen und mit großen Verlusten in die Flucht geschlagen. Darauf
traten die Häupter der kaiserlichen Partei selbst, durch diese Niederlage
entmuthigt, mit Friedensvorschlägen hervor, und man vereinbarte beider=
seitig, um Michaelis in Frankfurt zu neuen Verhandlungen, an denen
das ganze Reich sich betheiligen sollte, zusammen zu kommen, einst=
weilen aber die Waffen ruhen zu lassen [4]).

Trotz dieser Uebereinkunft aber besetzte Friedrich von Schwaben
die Abtei Limburg an der Hardt und plünderte mehrere Ortschaften;
ja er suchte auf alle Weise die Frankfurter Zusammenkunft zu hinter=
treiben, denn er besorgte, daß hier dem Kaiser ungünstige Beschlüsse
gefaßt werden würden, ein Umstand, der deutlich zeigt, daß damals die

---

[1]) Jaffé V, 311 (Schreiben Heinrich's V. an die Mainzer).
[2]) Otto von Freising, Gesta Frid. I, 12.
[3]) Ann. Saxo nach den Paderborner Annalen (M. G. SS. VI, 753): Circa
festum s. Petri apostoli principes sepe dicti ab imperatore dissidentes facta
acie in campis Wormatie considunt.
[4]) Annalista Saxo a. a. O.

antikaiserliche Partei die Oberhand gewonnen hatte. Es gelang dem Herzog auch, die bairischen Großen vom Erscheinen in Frankfurt zurückzuhalten. Um Michaelis fand sich daselbst Adalbert von Mainz mit allen Fürsten seiner Partei ein, aber durch das Ausbleiben Friedrich's von Schwaben und der Baiern war der Zweck der Versammlung vereitelt, und nach mehreren Tagen vergeblichen Wartens trennte man sich [1]). Die Bundesgenossen Adalbert's, die sich in Frankfurt um ihn versammelt hatten und die wir bei dieser Gelegenheit kennen lernen, waren: Herzog Lothar von Sachsen, Erzbischof Friedrich von Köln, die Bischöfe Reinhard von Halberstadt, Godebald von Utrecht und Heinrich von Paderborn, der Abt Erkembert von Corvey, Graf Herrman von Winzenburg und Erzbischof Adalgot von Magdeburg, Pfalzgraf Friedrich von Sachsen und Markgraf Rudolf von der Nordmark; — also zum größten Theile sächsische Fürsten. Von ihnen kehrten die drei zuletzt genannten von Frankfurt aus in ihre Heimat zurück, alle übrigen aber, an ihrer Spitze Herzog Lothar von Sachsen, zogen mit Adalbert nach Mainz hinüber. Hier wurde nach dem Beschlusse der Fürsten der neugewählte Bischof Thietmar von Verden von Erzbischof Friedrich von Köln im St. Albansklofter geweiht [2]). Thietmar war von der päpstlichen Partei erhoben, um seinen noch lebenden Vorgänger Mazo, der zum Kaiser hielt und sich mit diesem in Italien befand, zu verdrängen. Ueberhaupt ging man jetzt gegen die Anhänger des Kaisers schärfer vor; so entsetzte Adalbert den Abt Burchard vom Erfurter St. Petersklofter seiner Würde und ließ einen Mönch Rupert zum Abte wählen [3]).

Im October wurden die kriegerischen Operationen wieder aufgenommen. Erzbischof Adalbert, Herzog Lothar und die übrigen Fürsten rückten mit bewaffneter Macht vor die feste Abtei Limburg in der Speyerer Diöcese, die von den Leuten des Herzogs Friedrich von Schwaben besetzt war, und belagerten dieselbe. Die Vertheidiger der

---

[1]) Die einzige Quelle für diese Vorgänge ist der Ann. Saxo, der hier allein die Paderborner Annalen wiedergiebt, was durch die Betheiligung der sächsischen Fürsten, besonders des Bischofs von Paderborn, seine Erklärung findet.

[2]) Ann. Saxo a. a. O. Schreiben Heinrich's V. bei Jaffé V, 311: invasorem Virdunensis ecclesiae contra jus et fas consecrari fecit. — Weshalb die Weihe nicht von Adalbert, dessen Suffragan der Bischof von Verden war, vorgenommen wurde, ist nicht klar.

[3]) Chron. Sanpetrinum z. J. 1116. Nach einer alten Tradition wäre Adalbert gegen den Abt Burchard aufgebracht gewesen, weil dieser den Kaiser nach dessen Excommunication in seinem Kloster gastfreundlich aufgenommen hätte. Vergl. Joannis I, 539.

Veste geriethen durch die enge Einschließung in große Noth; bald litten sie Mangel an Lebensmitteln, und nach dreiwöchentlicher Belagerung machten sie sich bereit zur Uebergabe. Da kam im Augenblicke der höchsten Noth unerwartete Hülfe: Herzog Friedrich, der im Elsaß unterdessen neue Schaaren aufgeboten hatte, eilte mit einem starken Heere herbei und zwang durch die Ueberlegenheit seiner Streitkräfte die Gegner zur Aufhebung der Belagerung. Adalbert und die ihm verbündeten Fürsten traten jetzt den Rückzug nach dem Rheine an, und es gelang ihnen, ungefährdet den Strom zu überschreiten, obwohl Herzog Friedrich ihnen heftig nachdrängte und sie in große Noth setzte. Ihr Weg ging nach Mainz [1]).

Die Niederlage der aufständischen Fürsten war offenbar, und bereits begann sich der Unwille über die Politik, die so viel Elend und Zwietracht verschuldete, geltend zu machen. In Mainz war man besonders erbittert, da die Kriegführung ihres Erzbischofs der Stadt bedeutende Opfer auferlegte und sie als das Heerlager der aufständischen Partei in alle Wechselfälle des Krieges hineinzog. Dieser Unwille trat bald drohend zu Tage: als der Abt von Corvey sich auf die Heimreise begeben wollte, wurde er von einer Schaar von Mainzern überfallen und ausgeplündert, und kaum konnte er sich selber und seine Begleiter retten [2]). Wahrscheinlich bedrohte damals Herzog Friedrich, der den von der Limburg abziehenden Fürsten nachgefolgt war, die Stadt mit einer Belagerung. Die Mainzer, denen neue Kriegsleiden in Aussicht standen, geriethen in die höchste Erbitterung und jagten ihren Erzbischof, den sie als den Urheber aller Drangsale ansahen, mit Gewalt aus der Stadt. Aber die Freude über diesen Streich dauerte nicht lange. Bald kamen Adalbert's Bundesgenossen ihm zu Hülfe, überfielen unversehens die Mainzer und machten eine Anzahl der vornehmsten Bürger nieder, andere setzten sie gefangen. In Folge dieses Sieges kehrte der Erzbischof nach kurzer Zeit in die gedemüthigte Stadt zurück, bestrafte die Schuldigen und begann sein Regiment von neuem in der alten Weise [3]).

Diese Vorgänge müssen in den beiden letzten Monaten des J. 1116 gespielt haben [4]), und die gezwungene Entfernung Adalbert's von seiner

---

[1]) Diese Ereignisse sind im wesentlichen übereinstimmend geschildert von Ann. Saxo a. a. O., S. 753 und von Otto von Freising Gesta Frid. I, 14 (S. 359).
[2]) Ann. Saxo a. a. O.
[3]) Ann. Saxo 753.
[4]) Dies erhellt aus der chronologischen Folge: 29. September Zusammenkunft

Hauptstadt mag einige Wochen gedauert haben. In diese Zeit fällt ein interessantes schon öfter erwähntes Schreiben des Kaisers Heinrich V. an die Mainzer, das über die Ereignisse seit Adalbert's Befreiung aus dem Kerker vielfaches Licht verbreitet [1]). Abgefaßt muß dasselbe bald nach der Vertreibung des Erzbischofs aus Mainz sein, aber ehe noch die Nachricht von seiner Wiedereinsetzung nach Italien gekommen war, also etwa Dezember 1116. Sobald der Kaiser in Italien die für ihn höchst erfreuliche Kunde von der Verjagung seines Gegners erhalten hatte, wandte er sich an die Mainzer, um ihnen Lob für ihre That zu spenden und sie in ihren Gesinnungen zu befestigen. „Wir hören nicht auf", sagt er, „wegen eures Verhaltens Gott zu danken, durch dessen Gnade „eure bitteren Eigenschaften zu süßen geworden sind. Deshalb wollen „wir in Anbetracht eurer alten Treue, die, wie wir vernommen, durch „göttliche Fügung in euren Herzen wieder aufgelebt ist, mehr an eure „Liebe appelliren als Forderungen stellen." Der Kaiser erinnert sodann die Mainzer an die Verpflichtungen, die sie für Adalbert bei dessen Freilassung eingegangen, und macht seinem Zorne gegen diesen durch heftige Schmähungen Luft: er nennt ihn einen Eidbrüchigen und Verräther, der nur dem Namen, nicht dem Verdienste nach das bischöfliche Amt bekleide. Ausführlich wird das feindliche Verhalten des Erzbischofs seit seiner Befreiung geschildert, den Mainzern aber zu bedenken gegeben, daß sie demjenigen, der ihre Eide und Geißeln preisgegeben, ja der selbst den eignen Verwandten (seinen als Geißeln gestellten Neffen) die Treue gebrochen, auch selber keine Treue mehr schuldeten. Besonders eindringlich ermahnt der Kaiser sie, auf keinen Fall den Erzbischof wieder in ihre Stadt einzulassen, und weist dabei drohend auf die Geißeln hin, die er für ihre Treue in Händen habe; vielmehr sollten sie gemeinschaftlich mit dem Herzog Friedrich und dem Pfalzgrafen Gottfried Mainz gegen den Erzbischof vertheidigen [2]). Wenn die Mainzer diesen

---

in Frankfurt, wenige Tage nachher Rückkehr der Fürsten nach Mainz; darauf im October dreiwöchentliche Belagerung der Limburg und Rückzug nach Mainz; die Vertreibung Adalbert's muß also Anfang November stattgefunden haben; seine Wiedereinsetzung mag in den December fallen.

[1]) Cod. Udalr. Nr. 177 (Jaffé V, 310): auch bei Guden I, 46. — Stenzel I, 698 setzt den Brief in das J. 1121, aber alle in demselben berührten Ereignisse, besonders die Erwähnung der von den Mainzern für Adalbert übernommenen Bürgschaften und der Weihe des Bischofs von Werden, weisen auf das J. 1116.

[2]) „Monemus vos omnes, quatinus obsidibus vestris consulentes et sacramentis praecaventes, eundem perjurum vestrum et nostrum, Adelbertum scilicet dictum episcopum, civitatem nullatenus intrare permittatis, sed quasi

Befehlen nachkämen, so sollten ihnen alle früheren Vergehen verziehen werden. Das ganze Schriftstück zeichnet sich durch den Ton maßlosen Hasses aus, der sich in Schmähungen gegen Adalbert nicht genug thun kann.

Als dieser Brief in Mainz ankam, war die Stadt wahrscheinlich schon wieder in den Händen des Erzbischofs. Ohne Aufhören arbeitete dieser zum Schaden des Kaisers und seiner Anhänger fort; durch ganz Deutschland unterhielt er seine Verbindungen und leitete die Bewegungen der Aufständischen. In Augsburg gab ihm der langwierige Streit zwischen dem kaiserlich gesinnten Bischof Herrmann und dem streng kirchlichen Abte Egino Gelegenheit, gegen den Bischof, der beim Kaiser in Italien war, zu arbeiten [1]). Das reiche Kloster Fulda, dessen Abt Erlulf ebenfalls in Italien weilte, kam durch das Kriegsungemach so herunter, daß die Mönche an den nothwendigsten Lebensmitteln Mangel litten [2]). Unter den deutschen Bischöfen waren Adalbert's thätigste Bundesgenossen Friedrich von Köln, Konrad von Salzburg, Erlung von Würzburg und Reinhard von Halberstadt [3]); durch sie hielt er die innere Zwietracht am Niederrhein, in Baiern, Franken und Sachsen im Gange. Wie die Dinge damals in den Bisthümern Worms und Speyer standen, ist nicht ganz klar. In Speyer hielt Bürgerschaft und Klerus zum Kaiser und mußte dafür von der Gegenpartei viel Ungemach erdulden [4]); Bischof Bruno aber scheint sich seinem Bruder Adalbert angeschlossen zu haben, wenigstens finden wir ihn seit dem Tage von Fritzlar unter den antikaiserlichen Bischöfen. Der vor kurzem gewählte Bischof von Worms, Burchard oder Buggo, war damals noch kaiserlich gesinnt, zeigte sich aber in seiner Haltung schwankend —, wenn anders nämlich der im Codex Udalrici aufgenommene Brief an den Kaiser (Nr. 185) von ihm herrührt [5]). Hält man Burchard für den Ver-

---

scopis ab eo mundatam, eam Friderico duce et Godefrido palatino comite aliisque fidelibus nostris diligentissime servare studeatis."

[1]) S. den Brief Adalbert's an Egino bei Jaffé III, 388 und meinen Excurs III.
[2]) Ekkehard S. 252.
[3]) S. die beiden Schreiben Heinrich's V. an Hartwig von Regensburg im Cod. Udalr. (Jaffé V. 307 und 313).
[4]) S. den Brief des Speyerer Klerus an Heinrich V. im Cod. Ud. Nr. 176 (Jaffé V, 308).
[5]) Jaffé V, 321. Den Brief Bruno von Speyer zuzuschreiben, wie Jaffé und Stenzel thun, halte ich für unmöglich. Bruno konnte in der Weise nicht von seinem Bruder schreiben: „ab illo Moguntino" . . . ; „cum ipsum videre et alloqui non possem, nisi prius de banno illius exirem." Es läßt sich nicht annehmen,

faſſer dieſes Schreibens, ſo ergiebt ſich, daß derſelbe von Adalbert von Mainz wegen ſeines Anſchluſſes an die kaiſerliche Partei mit dem Banne belegt war. Er war dann nach Mainz gegangen, um ſich davon zu löſen, hatte aber beim Erzbiſchof als Gebannter keinen Zutritt gefunden, ſondern ſich nur mit den Klerikern desſelben herumgeſtritten. Nach ſeiner Verſicherung aber hätte Buggo in Mainz ſelbſt dem Kaiſer viele Anhänger gewonnen, und die ganze Bevölkerung von Worms bis Straß=burg zu einer Eidgenoſſenſchaft für die kaiſerliche Sache vereinigt. — Zu der Partei Adalbert's hielt ſich auch der Biſchof Gebhard von Straß=burg [1]). Außerdem waren es, wie erwähnt, vor allem die ſächſiſchen Fürſten, die dem aufſtändiſchen Bunde angehörten. Mit dem Papſte ſtanden Adalbert und ſeine Verbündeten damals im lebhafteſten Verkehr und verhandelten mit ihm über die Angelegenheiten des Reichs wie der Kirche, obwohl der Kaiſer dieſe Verbindungen auf alle Weiſe zu erſchweren ſuchte und den Boten aus Deutſchland überall an den Grenzen auflauern ließ [2]).

Paſchalis II. hatte im März 1116 eine große Synode nach Rom berufen und hier von neuem das Verbot der Laieninveſtitur bei Strafe des Bannes ausgeſprochen; den Kaiſer ſelbſt mit dem Anathem zu be=legen hatte er ſich zwar geweigert, aber die Handlungen ſeines Legaten Kuno von Präneſte hatte er ausdrücklich gebilligt. Trotz dieſer feind=lichen Schritte hoffte Heinrich V. dennoch bei ſeiner Ankunft in Italien auf eine Verſtändigung mit dem Papſte und begann Unterhandlungen. Dieſelben hatten wenigſtens eine Annäherung zur Folge; ja nach dem Berichte des Kaiſers, den er an Biſchof Hartwig von Regensburg ſandte, wäre man zur vollſtändigen Einigung gelangt [3]). Nach der Darſtellung Heinrich's hätte der Papſt die Verſicherung gegeben, niemals weder

---

daß Adalbert ſeinen eignen Bruder excommunicirt und jeden perſönlichen Verkehr mit ihm abgelehnt haben ſollte. Es ſcheint mir nichts anderes übrig zu bleiben, als mit Gieſebrecht III, 888 den Anfangsbuchſtaben B. auf Buggo von Worms zu deuten, der 1115 gewählt war. Der Brief iſt wohl im J. 1116 geſchrieben. Man hat nach der Stelle über die conjuratio von Straßburg bis Worms nur die Wahl zwiſchen den Biſchöfen von Worms und Speyer, deren Diöceſen in dieſem Striche lagen. An Bruno von Trier läßt ſich wegen deſſen erzbiſchöflicher Stellung nicht denken.

[1]) Ann. Argentinenses pleniores bei Böhmer III, 72.
[2]) Vita Theogeri II, 1 (M. G. SS. XII, 466): Eo enim tempore inter Romanum pontificem et Theutonicarum partium catholicos sacerdotes super ecclesiarum et regni negotiis frequentes internuntii discurrebant. Cf. Ekke=hard 253.
[3]) Cod. Udalr. Nr. 175 (Jaffé V, 307).

schriftlich noch mündlich mit den Gegnern des Kaisers in Verkehr getreten zu sein; den Erzbischof Adalbert aber hätte Paschalis einen Verräther an Gott, an seinem Herrn und der ganzen Christenheit genannt. Diesen Angaben ist wenig Glauben beizumessen; es kam dem Kaiser offenbar darauf an, seine Lage möglichst günstig darzustellen und in Deutschland die Meinung zu verbreiten, seine Versöhnung mit dem Papste sei bereits vollzogen, besonders aber die Verbindung des letzteren mit den aufständischen Fürsten in Abrede zu stellen. Es ist freilich glaublich, daß in Rom gegen Adalbert immer noch eine gewisse Abneigung bestand und dieser auch Ausdruck gegeben wurde. Aber man wußte jedenfalls den Werth seiner Thätigkeit für den päpstlichen Stuhl zu schätzen und sah in ihm einen einflußreichen Bundesgenossen; das beweisen die Gunstbezeugungen, die ihm bald darauf zu Theil wurden, und sein inniger Verkehr mit Rom. — In einem zweiten Schreiben, an den Bischof von Regensburg [1]) berichtet der Kaiser: der Papst habe in Abrede gestellt, Kuno von Präneste nach Köln und Sachsen gesandt zu haben, und die Maßregeln des Cardinals Dietrich, wie Guido's von Vienne gemißbilligt. Auch habe er feierlich versichert, niemals aufreizende Bullen gegen den Kaiser nach Deutschland gerichtet zu haben, wie Adalbert von Mainz und die Bischöfe von Cöln, Salzburg und Halberstadt behaupteten. (Wahrscheinlich hatten die genannten bei der Verkündigung des Bannes über den Kaiser sich auf päpstliche Bullen berufen; ob mit Recht oder Unrecht, ist nicht zu entscheiden.) Jeder aber, der dem Kaiser den Eid der Treue geschworen und sich nun gegen denselben erhoben habe, sei vom Papste für einen Meineidigen und verruchten Menschen erklärt.

Die wahre Lage der Dinge aber war eine andere, als sie Heinrich V. in seinen für Deutschland bestimmten Berichten darstellte. Als der Kaiser sich Rom näherte, entwich der Papst nach Unteritalien vor ihm, und Heinrich mußte sich in Rom am Osterfeste die Krone von einem Erzbischof aufsetzen lassen. Einer neuen kaiserlichen Gesandtschaft gab Paschalis zur Antwort: „er könne den von hohen Kirchenfürsten über den Kaiser verhängten Bann nur mit deren Zustimmung aufheben, nach Anhörung beider Parteien auf einer Kirchenversammlung. Eine solche zu berufen, werde er täglich durch Briefe aus Deutschland bringend

---

[1]) Cod. Udalr. Nr. 178 (Jaffé V, 313).

aufgefordert, besonders von Seiten des Erzbischofs von Mainz ¹).― Aus diesen Worten erhellt, in wie enger Verbindung Adalbert damals mit dem päpstlichen Stuhle stand, und wohin seine Ziele sich richteten. Es war ja mit Gewißheit voraus zu sehen, daß jede Kirchenversammlung bei der in der Kirche herrschenden Richtung den über den Kaiser ausgesprochenen Bann bestätigen und in der Investiturfrage die weitgehendsten Ansprüche stellen würde. Erkannte Heinrich V. dieses Forum an, so war seine Niederlage gewiß. Das war der Sinn von Adalbert's Drängen nach einer Synode, daß die gesammte Kirche mit ihrer Autorität sich gegen den Kaiser aussprechen und ihn durch den Bannfluch moralisch vernichten sollte; einem solchen Ausspruche konnte sich dann auch der Papst nicht entziehen und wurde dadurch zur Theilnahme am Kampfe genöthigt. Daß Paschalis sich ganz der äußersten kirchlichen Partei zugewandt hatte und mit den Bestrebungen Adalbert's völlig einverstanden war, erkennt man aus einem Schreiben, das er damals an Friedrich von Köln richtete ²). Der Papst schreibt, auch er habe die Berührung des Kaisers gemieden, nachdem er erfahren, daß Friedrich denselben excommunicirt habe; er ergeht sich in Klagen über Heinrich und ermahnt den Erzbischof, der römischen Kirche Hülfe zu bringen.

Bald darauf that Paschalis einen Schritt weiter, um die Opposition gegen Heinrich V. neu zu beleben. Er sandte im J. 1117 den Cardinal Kuno von Präneste als seinen Legaten nach Deutschland, mit der Aufgabe, dort alle rechtgläubigen, d. h. päpstlich gesinnten, Bischöfe um sich zu sammeln, und mit ihrer Hülfe die Leitung der kirchlichen Bewegung in die Hand zu nehmen ³). Zugleich sollte Kuno an Adalbert von Mainz das erzbischöfliche Pallium überbringen, und mit ihm über die zu treffenden Maßregeln sich verständigen ⁴). — Von Rom aus wollte man also jetzt den Widerstand gegen den Kaiser förmlich organisiren und unter einheitliche Leitung bringen. Zum ersten Male wurd der Kampf gegen Heinrich V. vom Papste selbst sanctionirt und direct gefördert. Durch die Uebersendung des Palliums an Adalbert

---

[1] Ekkehard S. 253: ad hoc etenim ultramontanis affirmat se cotidie litteris impelli, et maxime metropolitani Mogontini.
[2] Jaffé, Regesta pontificum Nr. 4843 (S. 516).
[3] Vita Theogeri II, 2 (M. G. SS. XII, 467).
[4] Schreiben Kuno's an Theoger ebendas. S. 468: „Unde cum in Gallias pro legationis nostrae officio venimus, Moguntinum archiepiscopum pro pallio, quod ei apportamus, conventuri et quaedam praecipua cum eo et aliis tractaturi."

wurde der Bund zwischen der Curie und der deutschen Opposition neu besiegelt; zugleich war diese Gunstbezeugung ein Symbol dafür, daß die früheren Sünden Adalbert's vollständig verziehen und durch seine neueren Verdienste in Vergessenheit gebracht waren.

Sobald die aufständischen Bischöfe von der Sendung Kuno's Nachricht erhalten hatten, traten sie auf Adalbert's Anregung in Berathungen und beschlossen nach dem Antrage der Erzbischöfe von Mainz, Köln, Magdeburg und Salzburg, ein großes Concil auf den 6. Juli 1117 nach Mainz auszuschreiben und dazu alle deutschen Bischöfe und Aebte, sowie die rechtgläubigen Laien aller Stände einzuladen. Hier sollten den canonischen Gesetzen gemäß die Angelegenheiten der Kirche geordnet, dem Kampfe und den Verwüstungen eine Ende gesetzt werden [1]). „Wir wollen", heißt es in einem der Einladungsschreiben, „die von unsern „Gegnern verbreitete falsche Anschuldigung widerlegen, daß wir alle „unsere Hoffnung auf die weltlichen Waffen, anstatt auf den Beistand „Gottes gesetzt hätten." Allein dieses Concil scheint nicht zu Stande gekommen zu sein, denn die Ankunft Kuno's von Präneste in Deutschland verzögerte sich. Derselbe war zuvor nach Reims und Metz gegangen, um die Angelegenheiten der Metzer Kirche zu ordnen, und kam erst im Frühjahr 1118 nach Deutschland [2]).

Während dieser Zeit hatte der Bürgerkrieg in Deutschland fort gedauert, und zwar zog er sich im J. 1117 hauptsächlich in die Mainzischen Gebiete am Mittelrhein. Herzog Friedrich von Schwaben, der in letzter Zeit siegreich gewesen war, wandte sich jetzt unmittelbar gegen seinen Hauptgegner, gegen Adalbert von Mainz. Nachdem der Herzog in weitem Umkreise die ganze Umgegend von Mainz verwüstet hatte, rückte er mit einem großen Heere vor die Stadt selbst und begann sie einzuschließen und zu belagern. Otto von Freising entwirft eine genaue

---

[1]) S. das Schreiben Konrad's von Salzburg a● Hartwig von Regensburg im Cod. Udalr. Nr. 179 (Jaffé V, 315) und das Antwortschreiben Hartwigs ebendas. Nr. 180 (S. 317). — Daß der Tag zu Mainz am 6. Juli 1117, nicht 1118, wie Stenzel I, 685 und Gause S. 30 annehmen, stattfinden sollte, scheint mir aus der Erwägung hervorzugehen, daß die Nachricht von der Sendung Kuno's gleich nach der Beschlußfassung des Papstes nach Deutschland gelangt sein muß. Vergl. die Worte Konrad's von Salzburg: „promissione domni papae de legato ex ipsius latere quantocius ad nos venturo" etc. Auf diese Nachricht hin wurden die Einladungen nach Mainz erlassen. Die kaiserlichen Bischöfe lehnten es übrigens ab, „absque praesenti et manifesta auctoritate sedis apostolicae" der Einladung zu folgen.

[2]) Vita Theogeri a. a. O. S. 470.

Beschreibung der Lage von Mainz und des Ganges der Belagerung [1]). Zwischen den Rhein und die Höhen eingeengt zog sich die Stadt in weit ausgedehnter Länge, aber nur in sehr geringer Breite am Strome entlang. Sie war an der dem Rhein zugekehrten Seite am dichtesten bevölkert und mit den meisten Kirchen und großen Gebäuden geschmückt; dagegen war der nach Westen liegende Stadttheil wenig bewohnt, an einem Hügel hinauf gebaut und von Mauern und Thürmen umschlossen. Das Kriegsvolk des Herzogs wünschte, begierig nach der reichen Beute, von dieser letzteren Seite her die Stadt zu stürmen. Der Herzog aber wollte dies nicht zulassen, und zwar wie sein Verherrlicher, Otto von Freising, sagt, weil er fürchtete, daß bei der entfesselten Leidenschaft des stürmenden Kriegsvolkes die Kirchen geplündert werden und in Flammen aufgehen könnten; wahrscheinlich aber weil die Befestigungen einen Sturm schwierig machten und er auf Aushungerung und freiwillige Uebergabe der Stadt hoffte. Als die Bedrängniß in Mainz wuchs, sandte der Erzbischof Adalbert zum Herzog hinaus und ließ ihn um Frieden bitten; zugleich ersuchte er ihn um Festsetzung eines Tages zu einer persönlichen Zusammenkunft, indem er das Versprechen hinzufügte, er wolle sich dem Kaiser unterwerfen. Allein es war dies nur eine Kriegslist Adalbert's, darauf berechnet, die Aufhebung der Belagerung zu bewirken, und sie gelang wenigstens zum Theil. Der Herzog schenkte den Worten des Erzbischofs Glauben, hob die Belagerung auf und schickte sich an, mit geringer Begleitung heim zu ziehen. Sobald Adalbert den Abzug des feindlichen Heeres sah, brach er an der Spitze einer starken Schaar aus der Stadt hervor und überfiel den Herzog. Dieser aber verlor trotz seiner geringen Mannschaft den Muth nicht, sondern hieb mit seinen Schwaben tapfer auf die Feinde ein. In dem sich entspinnenden heftigen Kampfe fiel Graf Emicho von Leiningen, der Anführer der Mainzer; ein anderer im Dienste des Erzbischofs stehender Edelmann, Folcold von Malsburg, wurde gefangen, und zuletzt lösten sich die Mainzer Schaaren in wilder Flucht auf [2]). Der Herzog ver=

---

[1]) Gesta Frid. I, 13 (p. 359). Daneben erwähnen Ekkehard S. 253, und die Paderborner Annalen (Ann. Col. Max. und Ann. Saxo) z. J. 1117 die Kämpfe um Mainz mit kurzen Worten.

[2]) Diesen Kampf und den Tod des Grafen Emicho erzählen alle drei oben genannten Quellen; die Paderborner Annalen allein fügen die Angabe von der Gefangennahme Folcold's von Malsburg, eines westphälischen Edelmanns hinzu. S. Scheffer=Boichorst. S. 134.

folgte sie scharf und die meisten der Fliehenden wurden niedergemacht oder gefangen; die übrigen mit dem Erzbischof selbst erreichten glücklich die Stadt. — So mußte Adalbert seine Perfidie mit einer blutigen Niederlage bezahlen. Die Mainzer Bürger aber, die ihre Verwandten und Freunde in diesem Kampfe verloren hatten, geriethen so in Wuth über ihren Erzbischof, daß sie über ihn herfallen und sich an ihm rächen wollten[1]). Dazu kam es freilich nicht, denn Adalbert war wie zu vermuthen von starker Kriegsmannschaft umgeben, und hielt sein Regiment in Mainz mit kräftiger Hand aufrecht. — Nach einer längeren Pause brach der Kampf von neuem aus. In der Weihnachtszeit näherte sich Herzog Friedrich wiederum Mainz mit einem Heere und gerieth in Kampf mit den erzbischöflichen Schaaren, aber er erlitt starke Verluste und mußte das Feld räumen [2]).

Der am 21. Januar 1118 erfolgte Tod des Papstes Paschalis II. schien dem kirchlichen Streite eine neue Wendung geben zu sollen, allein bald zeigte sich, daß sein Nachfolger Gelasius II. im Wesentlichen den Grundsätzen Paschal's folgte. Eine Verständigung zwischen Heinrich V. und dem neuen Papste, die versucht wurde, gelang nicht; auch Gelasius wollte nur auf einem Concil die großen Streitfragen entschieden wissen, und verließ bei der Annäherung des Kaisers Rom. Heinrich V. ließ in Rom einen Gegenpapst, Gregor VIII. oder Burdinus, wählen, und so war zu den früheren Uebeln noch das einer Kirchenspaltung gekommen. Der größere Theil der Kirche freilich sah Gelasius als den rechtmäßigen Papst an. Mit Energie ging der letztere gegen Heinrich V. vor: er sprach von Capua aus den Bannfluch über den Kaiser und den Gegenpapst aus und ertheilte gleich darauf Kuno von Präneste den Auftrag,

---

[1]) Otto von Freising a. a. O.: Cives qui parentes et amicos in illa caede amiserant tanta cordis amaritudine affecti erant, ut pene in proprium episcopum, velut hujus concessionis auctorem, irruerent. — Gervais I, 200 bringt die Vertreibung Adalbert's mit der Belagerung von Mainz durch Herzog Friedrich und mit dem darauf folgenden Kampf in Verbindung, und setzt daher die Belagerung in das J. 1116. Die Worte Otto's von Freising über die Erbitterung der Mainzer gegen ihren Erzbischof bezieht er auf die Verjagung des letzteren. Allein nach Ekkehard und nach den Paderborner Annalen fallen die Belagerung von Mainz und die ihr folgenden Kämpfe in das J. 1117, und man kann diese Angaben nicht dadurch beseitigen, daß man sagt, Ekkehard scheine sie wie ein vergessenes Factum nachgeholt zu haben. Otto von Freising würde übrigens wohl von der Vertreibung Adalbert's näher berichtet haben, wenn dieselbe eine Folge der von ihm so ausführlich beschriebenen Belagerung gewesen wäre.

[2]) Paderborner Annalen (Ann. Col. und Ann. Saxo) z. J. 1117.

das Anathem im ganzen Umkreise seiner Legation zu verbreiten [1]). Schon vorher hatte Gelasius denselben in seiner Würde als apostolischen Legaten für Deutschland bestätigt und ihn aufgefordert, nach Kräften der gefährdeten Kirche seinen Beistand zu leihen [2]).

Kuno von Präneste, der sich damals in Lothringen aufhielt, ging sogleich mit Eifer an die ihm gewordene Aufgabe, den Kampf gegen Heinrich V. neu zu entflammen. Zunächst setzte er sich mit Adalbert von Mainz in Verbindung und eröffnete ihm seinen Entschluß, das schon früher beabsichtigte Concil deutscher Bischöfe im Mai in Köln abzuhalten. Adalbert erließ darauf in seinem eignen und Kuno's Namen Einladungsschreiben an die Bischöfe, und drohte für den Fall des Nichterscheinens Suspension vom Amte und Excommunication an [3]). Am 19. Mai wurde in Köln das Concil von Kuno von Präneste eröffnet [4]). Erschienen waren Adalbert von Mainz, Friedrich von Köln und Konrad von Salzburg [5]); außerdem besonders sächsische Bischöfe, von denen uns Erzbischof Adalgot von Magdeburg, Reinhard von Halberstadt und Heinrich von Paderborn genannt werden [6]). Dagegen waren Otto von Bamberg, Herrmann von Augsburg, der Abt Theoger von St. Georgen und andere ausgeblieben. Die Versammlung sprach, wie sich nicht anders erwarten ließ, den Bannfluch über den Kaiser aus; aber auch über alle seine Anhänger, besonders über Friedrich und Konrad von Stauffen und den Pfalzgrafen Gottfried wurde der gleiche Spruch verhängt [7]). Die nicht erschienenen Bischöfe wurden theils suspendirt,

---

[1] S. das Schreiben des Papstes im Cod. Udalr. Nr. 186 (Jaffé V, 322).
[2] Vita Theogeri II, 9 (p. 470) und Ann. Col. Max. z. J. 1118.
[3] S. den Brief Adalbert's an Otto von Bamberg im Cod. Udalr. Nr. 187 (Jaffé V, 323).
[4] Das Datum war früher unsicher, da man keine ältere Angabe desselben als in Mabillon's Ann. Ord. Bened. VI, 17 kannte. Scheffer-Boichorst a. a. O. hat zuerst darauf hingewiesen, daß sich bereits im Cosmodromium des Gobelinus Persona das Datum (in festo rogationum) angegeben findet und daß Gobelinus die ganze Stelle über die Kölner und Fritzlarer Synode den alten Paderborner Annalen entnommen hat; und es ist demgemäß diese Stelle auch von Scheffer-Boichorst in den Text der wiederhergestellten Ann. Patherbrunnenses aufgenommen.
[5] Vita Theogeri II, 13 (p. 472).
[6] Auch die Namen der sächsischen Bischöfe sind uns von Gobelinus aufbewahrt. Die aus den Ann. Col. Max. und dem Gobelinus von Scheffer-Boichorst reconstruirte Stelle der Paderborner Annalen lautet: Cuono Praenestinus episcopus .... Coloniam venit ibique sinodum, convenientibus ad eum aliquibus Saxoniae episcopis – (Gobelinus:) puta Magetheburgensi, Patherbrunnensi, Halverstadensi, in festo rogationum celebrat.
[7] S. Adalbert's Schreiben an Otto von Bamberg im Cod. Udalr. Nr. 187

theils excommunicirt; namentlich den kaiserlich gesinnten Herrmann von Augsburg traf das letztere Schicksal. Schonender verfuhr man mit Otto von Bamberg: auf Adalbert's Verwendung sah man von Strafen gegen den frommen Bischof diesmal ab. „Dasselbe Schicksal wie die übrigen vom Concil Ferngebliebenen", schreibt Adalbert an Otto, „würde auch euch betroffen haben, wenn nicht unsre eifrige Fürbitte dem vorgebeugt und die besondere Ehrfurcht vor eurer Heiligkeit bei der Kirche euch Nachsicht verschafft hätte. Ich habe es für würdig gehalten, in jeder Beziehung eure Ehre und euer Ansehen zu schonen und nach Kräften bei jeder Gelegenheit für euch Sorge zu tragen, da die Liebe eurer Heiligkeit uns durch die Bande inniger Pietät gefesselt hält."[1]) Ebenso übte man gegen den entbliebenen papistisch gesinnten Augsburger Klerus auf Adalbert's Betreiben Nachsicht[2]). — Noch in Köln wurde beschlossen, im Juli zu Fritzlar eine neue Synode zu halten, für welche man eine noch allgemeinere Betheiligung hoffte und energischere Maßregeln in Aussicht nahm. Wieder ergiengen durch Adalbert und Kuno Einladungen an den deutschen Klerus, besonders an die in Köln nicht Erschienenen, mit verschärften Androhungen im Falle des Ausbleibens[3]).

Von Köln aus begleitete Adalbert den Cardinallegaten Kuno wahrscheinlich nach Coblenz und begab sich von dort nach Mainz, wo er bis Ende Juni verweilte, und sein Vater Graf Sigehard und Graf Ludwig von Thüringen bei ihm sich aufhielten[4]). Im Anfang Juli gieng er mit dem Legaten Kuno nach Sachsen und hielt im Beisein desselben zu Gandersheim in Angelegenheiten der Hildesheimer Kirche eine Synode. In Hildesheim war nämlich im J. 1115 nach des Bischofs Udo Tode ein Goslarer Cleriker Namens Bruning zum Bischof gewählt worden, der die Investitur vom Kaiser genommen hatte und sich zu dessen Partei hielt. Dadurch gerieth er in Gegensatz zu seinem Metropolitan Adalbert, und

---

(Jaffé V, 324). Ekkehard hat die Synoden von Köln und Fritzlar irrthümlich zum Jahr 1119 gesetzt. Die übrigen Nachrichten über das Kölner Concil finden sich in den Paderborner Annalen, der Vita Theogeri II, 13, im Chron. Saupetrinum und den Briefen Adalbert's an Otto von Bamberg und an den Augsburger Clerus (Jaffé III, 389).
[1]) Jaffé V, 324.
[2]) Jaffé III, 389.
[3]) S. den citirten Brief Adalbert's an Otto von Bamberg. Vergl. Ekkehard S. 254 und den Brief bei Jaffé III, 389.
[4]) Dies ergibt sich aus der Urkunde bei Bodmann, Rheingauische Alterth. I, 120, die nach den Zeugen (meist Mainzer Kleriker) nur in Mainz ausgestellt sein kann.

er weigerte sich sogar, von diesem die Weihe zu empfangen[1]). Adalbert benutzte jetzt seinen Einfluß in Sachsen, um mit Hülfe der Autorität Kuno's den Bischof zu beseitigen. In Gandersheim wurde die Wahl Bruning's einer strengen Prüfung unterzogen, und als unter Verletzung der kanonischen Formen vorgenommen für null und nichtig erklärt, die Hildesheimer aber aufgefordert, eine neue Wahl vorzunehmen[2]). So benutzte man jedes Mittel, um überall die Anhänger des Kaisers zu verdrängen.

Von Sachsen aus begaben sich Adalbert und Kuno von Präneste nach Fritzlar zur anberaumten Synode, die am 28. Juli eröffnet wurde[3]). Eine ansehnliche Versammlung war hier vereinigt: die Erzbischöfe von Mainz und Köln, von Magdeburg und Salzburg, die Bischöfe von Halberstadt, Paderborn, Utrecht, Münster, Osnabrück, Zeitz, Merseburg und endlich auch Adalbert's Bruder, Bruno von Speyer[4]); außerdem hatten sich viele Äbte und sonstige Cleriker, unter ihnen der h. Norbert, eingefunden. Die Synode bestätigte die in Köln beschlossene Excommunication des Kaisers und seiner Anhänger, und verhängte auch über den Gegenpapst Burdinus den Bann[5]). Aber noch weitergehende Beschlüsse müssen in Fritzlar gefaßt worden sein; wahrscheinlich wurde die Absetzung des Kaisers in bestimmte Aussicht genommen, wiewohl keine directe Nachricht darüber vorliegt. Gegen die auch dieses Mal ausgebliebenen Bischöfe wandte man strengere Maßregeln an: so wurde Otto von Bamberg vom Amte suspendirt, obwohl er jeden Verkehr mit den Gebannten mied und ihn auch seinen Untergebenen

---

[1]) Chron. Hildesheimense (M. G. SS. VII, 855) und Ann. Saxo z. J. 1115.
[2]) S. den Brief Adalbert's an den Hildesheimer Klerus bei Jaffé III, 389. Die Vorgänge zu Gandersheim können, da nach der Vita Theogeri II, 17 Kuno von Präneste am 6. und 7. Juli in Corvey war, nur in diese Zeit fallen. („Maxime cum sederint animis vestris: quae Gandirshem ordine suo dicta ac responsa; .... que etiam examinatio inter electionem et consecrationem media, est coram potestativo Rom. sedis legato et nobis aliusque confratribus nostris celebrata").
[3]) Das Datum in den Briefen Adalbert's bei Jaffé V, 324 und III, 389. Stenzel und Gause geben irrthümlich den 26. Juli an.
[4]) Das Verzeichniß der anwesenden Bischöfe ist von Gobelinus nach den Paderborner Annalen gegeben, s. Scheffer-Boichorst, S. 135. — Außerdem vergl. Ekkehard z. J. 1119 (S. 254), Chron. Sanpetrinum ed. Stübel S. 17, die Briefe des Cod. Udalr. Nr. 187, 188 und 189, und Vita Norberti, c. 4 (M. G. SS. XII, 673).
[5]) Gobelinus (Paderb. Ann.) a. a. O.: Cuono imperatorem cum idolo suo et omnibus sibi adhaerentibus excommunicavit.

untersagt hatte; über die Stadt Bamberg wurde, da der dortige Klerus in Verbindung mit der kaiserlichen Partei stand, das Interdict verhängt[1]). Adalbert drohte in einem Schreiben an die Bamberger Kleriker denselben an, bei fortgesetztem Ungehorsam ihres Bischofs werde die Bamberger Kirche der Privilegien, die sie vom römischen Stuhle empfangen, verlustig gehen. Dabei hebt er hervor, welches enge Band zwischen ihm und den Bambergern seit dem Tage seiner Consecration durch den Bischof Otto geknüpft sei, und welche Ehre er ihnen dadurch erwiesen, daß er von den 15 Suffraganbischöfen des Erzstiftes sich grade ihren Bischof zur Vollziehung der Weihe auserlesen. — Ein ähnliches Schreiben erließ Adalbert an den Würzburger Klerus, in welchem er denselben dringend ermahnt, von jedem Verkehr mit den Gebannten abzulassen.[2]) Durch die Geneigtheit einiger von ihnen, mit den Excommunicirten zu verkehren und dieselben zu vertheidigen (!) seien sie beinahe einer furchtbaren und unerträglichen Gefahr verfallen. Nur durch seine Fürsprache sei in Fritzlar die Strafe der Excommunication von ihnen abgewandt. Der Brief ist auch sonst höchst characteristisch für die Anschauungen Adalbert's: er sagt u. A.: „von Gott fällt ab, wer von der römischen Kirche abweicht", und ruft Gott zum Zeugen an, daß niemand aufrichtiger und inniger den Wunsch nach Frieden hege als er. Solche Äußerungen klingen in dem Munde eines Mannes, dessen eigentliches Element der Streit war, fast blasphemisch.

Wahrscheinlich bald nach dem Tage von Fritzlar wurde auch der Kampf mit den weltlichen Waffen wieder aufgenommen. Adalbert hatte unter den sächsischen Fürsten vor allen Herrmann von Winzenburg und Friedrich von Arnsberg zu Bundesgenossen gewonnen[3]), und mit ihrer Hülfe ging er zum Angriff gegen die Kaiserlichen vor. Das Heer Adalbert's, gebildet aus Mainzern und sächsischen Schaaren unter Herrman von Winzenburg, wandte sich zunächst gegen die Stadt Oppenheim, die von den Kriegsleuten des Herzogs Friedrich von Schwaben besetzt war. Die Stadt wurde von den Belagerern gestürmt, zerstört und in Brand gesteckt, wobei gegen 1200, ja nach einer andern Angabe nahe an 2000 Menschen, im Kampfe und in den

---

[1]) S. das Schreiben Adalbert's im Cod. Udalr. Nr. 189 (Jaffé V, 326). Die Worte: „episcopali jam officio suspensus", können nur auf die Fritzlarer Synode gehen.
[2]) Cod. Ud. Nr. 188 (Jaffé V, 325).
[3]) Beide erscheinen als Zeugen im Mainzer Freiheitsbrief. Guden I, 116.

Flammen ihren Tod fanden, und auch die Kirche vom Feuer nicht verschont wurde [1]). Auch in Sachsen waren die Aufständischen glücklich. — Durch diese Siege und die Erfolge von Köln und Fritzlar ermuthigt wagten Adalbert und seine Partei immer kühnere Schritte: man beschloß, vielleicht schon in Fritzlar, jedenfalls nicht lange nachher, einen großen Fürstentag nach Würzburg zu berufen und hier über Heinrich V. Gericht zu halten. Der Kaiser sollte aufgefordert werden, sich persönlich vor den Fürsten zu rechtfertigen, im Falle seines Nichterscheinens aber seiner Würde entsetzt werden [2]). Als Heinrich in Italien von diesen Plänen Kunde erhielt, machte er sich voller Zorn sogleich auf den Heimweg nach Deutschland. Im Spätsommer überstieg er die Alpen und wandte sich von da nach Lothringen [3]). Bei der Ankunft des Kaisers brach der Krieg in vollen Flammen aus, und von beiden Seiten wurden die Gräuel der Plünderungen und Mordbrennereien erneuert. Heinrich V. suchte jedoch die verschworenen Fürsten auf alle Weise, durch Drohungen und Schmeicheleien, durch Gewalt und versöhnliche Maßregeln zum Niederlegen der Waffen zu bringen [4]). Dies hatte wenigstens so viel Wirkung, daß es zu dem beabsichtigten Fürstentage in Würzburg nicht kam. Über die Ereignisse im Herbst und Winter 1118 fehlt es an Nachrichten; wir wissen daher nicht, inwieweit es dem Kaiser gelang, seinen Gegnern Terrain abzugewinnen. Doch scheint es, als ob er sich ernstlich bestrebt habe, friedliche Zustände in Deutschland anzubahnen. Erleichtert wurde ihm diese Aufgabe durch die Entfernung Kuno's von Präneste, der gegen Ende 1118 sich nach Frankreich begab, um mit dem Papste Gelasius zusammenzutreffen, und durch den im Januar 1119 erfolgten Tod des letzteren.

Das Jahr 1118 ist für die Geschichte Adalbert's besonders bedeutsam, so daß wir noch einige Augenblicke bei demselben verweilen müssen. In diesem Jahre nämlich erfolgte höchst wahrscheinlich die Ernennung Adalbert's zum Legaten des apostolischen Stuhles in Deutschland; denn in einer vom 20. Juni 1118 datirten und völlig unver-

---

[1]) Paderborner Annalen (Ann. Saxo und Ann. Hildesheim.) zum J. 1118. Die Zahl der Umgekommenen (1200) giebt nur der Ann. Saxo. — Das Chron. Sanpetrinum spricht von fere ad duo milia hominum utriusque sexus, die umgekommen seien. Vergl. auch Ann. S. Petri Erphesfurdenses (M. G. SS. XVI, 17).
[2]) Ekkehard S. 254.
[3]) Anselm. Gemblac. (M. G. SS. VI, 377).
[4]) Ekkehard S. 254.

dächtigen Urkunde nennt sich Adalbert zum ersten Male „apostolicae sedis legatus"[1]). Dies wird bestätigt durch zwei seiner Briefe, von denen der eine aus dem Sommer dieses Jahres stammt[2]). Hier legt sich zwar der Erzbischof in der Eingangsformel jenen Titel noch nicht bei, aber die Worte, mit denen er seine Stellung bezeichnet: „in partem apostolicae sollicitudinis vocati, fungentes tenore vicis nobis delegatae," lassen sich doch nur auf die Legatenwürde beziehen; und noch bezeichnender heißt es in dem zweiten Briefe, der etwa im März 1119 von ihm an den Hildesheimer Klerus gerichtet ist[3]): „ex debito vicis apostolicae nobis commissae." Helmold in der Wendenchronik stellt die Sache so dar, als ob Adalbert bereits im Anfang des J. 1116 vor dem Weggange Heinrich's V. nach Italien die Stellung eines Legaten bekleidet und kraft dieser den Kaiser excommunicirt habe[4]). Allein diese Nachricht ist sicher irrthümlich, da vor der Consecration und dem Empfange des Palliums der Erzbischof nicht wohl zum Legaten ernannt sein kann, und keine unverdächtige Urkunde vor 1118 den Titel zeigt[5]). Auch widerlegen die Verhältnisse der Jahre 1112—1116 die Angabe Helmold's, denn in diese Zeit fällt die dreijährige Gefangenschaft Adalbert's.

Gewöhnlich wird angenommen, daß die Ernennung zum Legaten auf dem Concil von Reims im Herbst 1119 oder kurz vorher erfolgt sei[6]), allein man wird sie aus den angeführten Gründen in den Frühsommer 1118 verlegen müssen. Daß der Erzbischof in der ersten Zeit den Legatentitel noch nicht regelmäßig führt, kann dagegen keinen Einwand bilden, da derselbe noch in weit späteren Urkunden mitunter fehlt[7]). Diese Auszeichnung, mit der noch Gelasius II. bald nach der

---
[1]) Bodmann Rhein. Alterth. I, 120 (für das Kloster Bischofsberg).
[2]) Cod. Ud. Nr. 189 (Jaffé V, 326), an Otto von Bamberg gerichtet und bald nach der Synode von Fritzlar geschrieben.
[3]) Jaffé III, 390. — Die Urkunde bei Stumpf, Acta Maguntina S. 145, ausgestellt zu Erfurt im J. 1119, in der Adalbert ebenfalls den Titel des päpstlichen Legaten führt, stammt wahrscheinlich aus dem Mai dieses Jahres; denn am Himmelfahrtsfeste (8. Mai) war Adalbert, wie der Brief bei Jaffé III, 390 zeigt, in Erfurt.
[4]) I, 40 (M. G. SS. XXI, 43): Qui etiam legatione sedis apostolice functus frequentibus conciliis episcoporum aliorum . . . . . excommunicationis verbum in cesarem deponebat. His motionibus exacerbatus cesar transiit in Langobardiam.
[5]) Vergl. dazu die Ausführungen im Excurs II.
[6]) Stenzel I, 695. Giesebrecht III, 919. Huperz S. 15 und 48.
[7]) z. B. Würdtwein, Dioecesis Moguntina I, 477 aus dem J. 1122.

Kölner Synode das Wirken Adalbert's für die Sache Roms belohnt haben muß, gab demselben einen bedeutenden Zuwachs an Macht und Einfluß: als unmittelbarer Vertreter des Papstes hatte er die Stellung eines Oberhauptes der ganzen deutschen Kirche, und erlangte dadurch ein Übergewicht über alle anderen Metropolitane, das sich bald bemerklich machen sollte. Nur einem unmittelbar vom Papste abgesandten Legaten (a latere) mußte er sich unterordnen.

Der zweite Umstand, der das J. 1118 für die Geschichte Adalbert's denkwürdig macht, ist die Verleihung des sog. großen Privilegs an die Stadt Mainz durch den Erzbischof. Der Zeitpunkt auch dieses Ereignisses ist verschieden bestimmt worden[1]) und mit völliger Gewißheit überhaupt nicht zu fixiren, da die Urkunde selbst über die Zeit der ersten Verleihung schweigt[2]). Die Namen der unterschriebenen Zeugen lassen jedoch einen ziemlich sicheren Schluß in dieser Hinsicht zu. Es werden als gegenwärtig angeführt: die Bischöfe Bruno von Speyer, Buggo von Worms und Erlung von Würzburg, die Grafen Friedrich von Arnsberg, Herrmann von Winzenburg, Sigebert und Friedrich von Saarbrücken, Adalbert's Brüder, der Mainzer Burggraf Arnold und eine Reihe Geistlicher und Ritter. Da nun Erlung von Würzburg im Frühjahr 1120 seinen Frieden mit dem Kaiser machte und Ende 1121 gestorben ist, da Bruno von Speyer 1118 sich bereits seinem Bruder angeschlossen hatte, da wir ferner Herrmann von Winzenburg und die Sachsen zum J. 1118 als Bundesgenossen Adalbert's und Theilnehmer an der Zerstörung Oppenheims ausdrücklich genannt finden, da Friedrich von Arnsberg 1120 wieder auf die Seite des Kaisers trat, so sind wir genöthigt, zwischen den Jahren 1118 und 1119 zu wählen. Für das erstere Jahr sprechen besonders die sicher beglaubigte Anwesenheit Herrmann's von Winzenburg zu Mainz, und die Verhältnisse der Stadt zum Erzbischof. Adalbert mochte nach den unglücklichen Kämpfen des J. 1117 und aus der damals unter den Mainzern gegen ihn herrschenden Erbitterung erkennen, daß er auf die Treue

---

[1]) Joannis I, 546 will es spätestens in das J. 1122 setzen, Schaab I, 43 zu 1120 oder 21, Arnold Verfassungsgesch. der deutschen Freistädte I, 134 zu 1120, Gervais I, 325 zu 1121. — Giesebrecht III, 903 und 1204 nimmt, wie ich glaube, mit Recht den Sommer 1118 als den wahrscheinlichsten Zeitpunkt an; ebenso Huperz und Gause.

[2]) Sie ist gedruckt bei Guden I, 116 ff., Joannis I, 547, Werner, Dom von Mainz I, 329. Die Verbesserungen des Originals, die Schaab II, 45 giebt, scheinen mir von sehr zweifelhaftem Werthe.

seiner Bürger und auf neue Opfer von ihrer Seite nur rechnen könne, wenn er ihnen bedeutende materielle Vortheile einräume; vielleicht war er sogar durch die aufrührerische Stimmung der Mainzer dazu gezwungen. Die Bürgerschaft neigte sich, wie es scheint, auf die kaiserliche Seite und war jedenfalls mit der Politik des Erzbischofs höchst unzufrieden. Als nun Heinrich V. nach Deutschland zurückkehrte, mußte Adalbert die Bürger um jeden Preis in sein Interesse ziehen; vielleicht war schon die Theilnahme der Mainzer an der Belagerung von Oppenheim eine Frucht des neugeschlossenen Bündnisses.

Der Text des Freiheitsbriefes beginnt mit Betrachtungen über die Vergänglichkeit des irdischen Glückes und geht dann auf die Schicksale des Erzbischofs über. Er schildert, wie Adalbert mitten im Laufe seines Glückes von Heinrich V. gefangen genommen, und welche Leiden er im Kerker erduldet habe. Dann erzählt er die Befreiung Adalbert's durch die Mainzer und die stipulirten Bedingungen, wobei die Bürger mit aufreizenden Worten daran erinnert werden, wie schmählich der Kaiser ihre als Geißeln ihm überlieferten Angehörigen behandelt habe. „Was aber „die Bürger zur Vertheidigung der Stadt und ihrer Ehre gethan haben", fährt Adalbert fort, „das ist dem ganzen Reiche genügend bekannt. „Da ich nun darüber nachsann, wie ich so große Verdienste belohnen „könnte, beschloß ich, wie sie an meinen Leiden theilgenommen haben, „so auch meinerseits für ihre Ehre und ihren Vortheil zu sorgen". Das Recht aber, mit dem der Erzbischof nach vorgängiger Berathung mit der Geistlichkeit, mit den Grafen, Freien, Ministerialen und Bürgern, die Mainzer begabte, lautet dahin: „daß sie keines Vogts Gerichtsbar„keit oder Besteuerung außerhalb ihrer Mauern unterworfen sein, „sondern daß sie innerhalb derselben unter ihrem eigenen angestammten „Rechte stehen sollten, ohne zur Entrichtung von Abgaben gezwungen „werden zu können. Sie sollen deshalb Steuer zahlen, wem Steuer, „Zoll, wem Zoll gebührt, aber freiwillig und ohne Zwang" [1]).

Die Bedeutung des verliehenen Rechtes besteht darin, einmal daß die Mainzer innerhalb ihrer Ringmauern den ausschließlichen Gerichtsstand erwarben, nur in ihrer Stadt vor ihrem eignen Richter sich stellen mußten und keiner Vorladung an auswärtige Gerichte zu folgen

---

[1]) „ut nullius advocati placita vel exactiones extra murum expeterent, sed infra sui nativi juris essent sine exactoris violentia. Quare cui tributum, tributum; cui vectigal, vectigal, gratis nullo exigente persolverent."

brauchten; dann daß sie nur innerhalb der eignen Mauern die dem Herkommen entsprechenden Abgaben zu zahlen verpflichtet waren und dabei das Recht der Selbstbesteuerung unter Ausschluß fremden Zwanges bei der Eintreibung übten, von auswärtigen Herren und Obrigkeiten aber überhaupt nicht besteuert werden konnten. Besonders gegen Belästigungen und Uebergriffe fremder Vögte und Gewalthaber war damit ein wirksamer Schutz gegeben. Diese wichtigen Rechte waren, wie in Köln, Speyer, Straßburg, Regensburg, so auch in Mainz eins der ersten Fundamente zur Entwicklung städtischer Freiheit [1]), und führten zunächst zur Bildung eines rein städtischen Gerichts- und Verwaltungsbezirks, der unabhängig nach außen die Bürger zu einer geschlossenen Corporation vereinigte. Denn da jetzt alle Einwohner nur einer einzigen Gerichtsbarkeit unterworfen waren, so nahmen fortan auch die bisher getrennten Stände der bischöflichen Ministerialen und der Freien als Beisitzer am Stadtgerichte Theil, und diese Verschmelzung wurde von Wichtigkeit für die Fortbildung der freiheitlichen Verfassung [2]).

Im J. 1135 hat Adalbert das ertheilte Privileg noch einmal bestätigt und dasselbe in die ehernen Thüren des Domes eingraben lassen, die unter Erzbischof Willigis angefertigt waren. Hier ist der Freiheitsbrief noch heute auf den nördlichen Thorflügeln zu lesen [3]). Die Redaction, in der derselbe uns erhalten ist, stammt erst aus dem Jahr 1135, doch scheint hier die ursprüngliche Urkunde ganz unverändert wiederholt zu sein [4]). Die Namen der Zeugen sind auch insofern von Interesse, als wir daraus schließen können, daß dieselben auch politische Bundesgenossen des Erzbischofs waren, so namentlich die Bischöfe von Speyer, Worms und Würzburg, die Grafen von Winzenburg, Arnsberg und Saarbrücken.

Nach dem Tode Gelasius' II. war der Erzbischof Guido von Vienne als Calixt II. auf den päpstlichen Stuhl erhoben. Der neue Papst war bekannt als eifriger Anhänger der streng kirchlichen

---

[1]) Arnold Verfassungsgeschichte der deutschen Freistädte I, 134.
[2]) Arnold a. a. O.
[3]) Die ehernen Thürflügel befanden sich nach Schaab II, 37 seit lange in der Liebfrauenkirche, bis sie im J. 1804 in die nördliche Haupteingangsthür des Doms eingefügt wurden, wo sie merkwürdiger Weise genau hineinpaßten. Schaab hat nachgewiesen, daß die beiden Flügel ursprünglich dem Dome angehört, und erst später, etwa im 13. Jahrhundert, in die Liebfrauenkirche gebracht sein müssen.
[4]) Das Original war, nach dem Berichte Würdtweins, den Schaab II, 43 benutzt, auf Pergament geschrieben, die erste Zeile mit goldenen Buchstaben. Es ist bei dem Brande des Domes 1793 wahrscheinlich mit verbrannt.

Grundsätze; schon als Erzbischof hatte er der Kirche das Investiturrecht zurückzuerobern gestrebt und zuerst den Bannfluch gegen Heinrich V. geschleudert; mit Adalbert von Mainz hatte er in naher Verbindung gestanden. Nach seiner Wahl zum Papste war es einer seiner ersten Schritte, die frühere Verbindung mit Adalbert wieder anzuknüpfen; er zeigte ihm in einem besonderen Schreiben seine Erhebung auf den Stuhl Petri an[1]). Nach der Vergangenheit Calixt's konnte man von ihm eine neue Entzündung des kirchlichen Streits erwarten, allein er verschloß sich doch der Einsicht nicht, daß auch der Kirche die Herstellung des Friedens noththue, und seine Bestrebungen waren fortan der Erreichung dieses Zieles gewidmet.

Auch Heinrich V. war in Deutschland unausgesetzt thätig, um die inneren Streitigkeiten zu beseitigen und seine Gegner zu versöhnen. Nachdem ihm die Politik der Gewalt so schlechte Früchte getragen und die Zerrissenheit des Reichs nur vermehrt hatte, blieb dem Kaiser schlechterdings nichts weiter übrig, als den Weg des Friedens und der Verhandlungen mit seinen Feinden zu beschreiten. Er mußte erkennen, daß wenn Papst Calixt sich an die Spitze der dem Kaiserthum feindlichen Elemente stellte, seiner Krone ernste Gefahren drohten und eine Wiederholung der Demüthigung, wie sie Gregor VII. seinem Vater auferlegt hatte, nicht unmöglich war. Vor allen Dingen suchte der Kaiser eine allgemeine Waffenruhe in Deutschland herzustellen, um zu friedlichen Verhandlungen Raum zu gewinnen. Er schickte einen Gesandten, Engelbert von Hammerstein, nach Lothringen und an den Rhein, mit dem Auftrage, alle Fürsten und Herren jener Gegenden zu einem vertragsmäßigen Waffenstillstand zu vereinigen, der von der Fastenzeit (1119) bis zum Osterfeste in Kraft treten und vermöge dessen alles Tödten, Brennen und Rauben untersagt sein sollte, so daß wer gegen diese Bestimmungen handelte, durch die gemeinschaftlichen Waffen aller Theilnehmer bestraft werden sollte[2]). Diese Vorschläge fanden, wie es

---

[1]) Ekkehard S. 254 hat dasselbe in seine Chronik aufgenommen.
[2]) Über dies alles giebt der Brief der Trierer Archidiakonen an den Erzbischof Bruno bei Brower Antiquit. et ann. Treverenses II, 13, S. 14, Nachricht. Brower setzt das Schreiben in das J. 1118 während des Aufenthaltes Bruno's in Italien, Giesebrecht III, 1207 in den Anfang des J. 1120, wo Bruno beim Papste in Clugny war. Giesebrecht hat mit Recht darauf hingewiesen, daß der Brief 1118 nicht geschrieben sein kann, da Bruno bis über Ostern hinaus in Rom war, und die kurze Frist, die die Schreiber für die beabsichtigte Zusammenkunft in Koblenz ansetzen (in capite jejunii feria sexta proxima), eine weite Entfernung

scheint, günstige Aufnahme: Graf Otto von Ballenstädt trat ihnen bei, und auch die Geistlichkeit von Trier erklärte ihren Beitritt und wirkte mit Eifer für die Ausführung. Sie richtete an den damals abwesenden Erzbischof Bruno dringende Bitten, zurück zu kommen und seine Mitwirkung eintreten zu lassen. Zugleich trat sie mit den Kölnern und Sachsen in Verbindung und scheint auch sie für die Waffenruhe gewonnen zu haben. Man beschloß auch, sich an den Herzog Friedrich von Schwaben und den Grafen Wilhelm von Lützelburg zu wenden, und um ihre Vermittlung beim Erzbischof Adalbert zu bitten. Diese sollten den Erzbischof auffordern, der Friedenseinigung beizutreten, innerhalb der bestimmten Frist sich alles Raubens und Brennens zu enthalten, und weder durch Rath noch That während dieser Zeit Feindseliges gegen den Kaiser zu unternehmen. Sollte der Erzbischof sich dessen weigern, so hoffte man, daß die Kölner und Sachsen sich von ihm abwenden würden. Eine Zusammenkunft Bruno's von Trier mit Friedrich von Köln zu Koblenz wurde in Aussicht genommen, und die sächsischen Fürsten wollten in Corbey zusammentreten, um über gemeinsame Maßregeln zu berathen. — Wir sind nicht darüber unterrichtet, ob Adalbert für die Waffenruhe gewonnen wurde. Aber das geht aus allem hervor, daß man ihn für ein Haupthinderniß des Friedens ansah, und daß seine Verbündeten, namentlich Friedrich von Köln und die sächsischen Fürsten, bereits in ihrer Anhänglichkeit an ihn zu wanken anfingen. Eine Zusammenkunft Bruno's von Trier mit Friedrich von Köln fand Ende März 1119 wirklich statt[1]), und damit war wenigstens der Anfang zu einer Aussöhnung der feindlichen Parteien gemacht.

Im ganzen Reiche wurde übrigens das Bedürfniß des Friedens lebhafter als je empfunden, und Fürsten und Geistlichkeit forderten den Kaiser dringend auf, einen allgemeinen Reichstag zur Herstellung geordneter Zustände zu berufen. Heinrich entsprach diesem Wunsche und schrieb auf den 24. Juni einen Reichstag nach Tribur aus, mit dem

---

Bruno's von seiner Diöcese ausschließt. Doch glaube ich, daß das Schreiben eher im Februar 1119 abgefaßt sein kann, denn es läßt sich eine Zusammenkunft Bruno's mit Friedrich von Köln in diesem Jahre nachweisen, und zwar fand dieselbe um Ostern in Köln statt, wie aus der Vita Theogeri II, 21 hervorgeht. Eine kurze Abwesenheit Bruno's in nicht weiter Entfernung von Trier kann auch im Februar 1119 wohl stattgefunden haben.

[1]) Vita Theogeri II, 21. Bruno stand in jener Zeit ganz auf Seiten des Kaisers, wie aus den Briefen bei Brower II, 13, S. 15 und bei Watterich II, 110 hervorgeht.

Versprechen, dort von allen gegen ihn erhobenen Vorwürfen nach dem Urtheil der Fürsten sich zu reinigen. In der letzten Woche des Juni trat der Kaiser mit den Fürsten in der Nähe von Mainz zusammen, die Verhandlungen wurden wahrscheinlich auf einer Rheininsel geführt [1]). Heinrich zeigte die versöhnlichste Haltung: mit Freund und Feind verhandelte er gleich zuvorkommend; er verfügte, daß jedermann im Reiche sein ihm entrissenes Eigenthum wieder erhalten solle, verlangte aber natürlich auch die Herausgabe der entfremdeten Reichsgüter. Auch einigte man sich dahin, daß ein allgemeiner Friede für das ganze Reich verkündigt werden sollte. In den brennendsten Fragen kam es freilich hier zu keiner Entscheidung. Die kirchlichen Angelegenheiten sollten erst auf der großen Synode, die Papst Calixt zum October nach Reims berufen hatte, erledigt werden, für welche die deutschen Bischöfe ihre Betheiligung zusagten. Die Gesandten aus Rom und Vienne, die sich eingefunden hatten, fanden die besten Gesinnungen für den neuen Papst. Daß Adalbert an diesem in der nächsten Nähe seiner Hauptstadt gehaltenen Reichstage Theil genommen hat, ist unzweifelhaft, obwohl es nicht ausdrücklich berichtet wird. Wahrscheinlich gehörte er zu den Bischöfen, die dem Papst Calixt schon hier ihre Unterwerfung anzeigten[2]).

---

[1]) Über Ort und Zeit der Versammlung haben unsre Quellen sehr divergirende Angaben. Ekkehard, der am ausführlichsten darüber ist, sagt, der Reichstag sei nach Tribur berufen; später redet er blos von dem in den rheinischen Gegenden gehaltenen Convente. Die Paderborner Annalen (Ann. Colonienses und Hildesheimenses) und die Vita Theogeri II, 30 geben beide den 24. Juni an; die Vita allein berichtet, daß die Versammlung auf einer Rheininsel stattgefunden habe und erwähnt die Theilnahme Friedrich's von Köln und Bruno's von Trier. Die Disibodenberger Annalen verlegen die Zusammenkunft nach Mainz auf den 29. Juni; das Chron. Sanpetrinum endlich nennt als Ort die Villa Erstein am Mainufer, wofür die Ann. Pegavienses „Ecstein" schreiben. Zunächst ist klar, daß die Zeitangabe des Ekkehard: Anfang November, nur auf einem Irrthum oder auf einer falschen Einschiebung der Worte beruhen kann, da man auf dem Reichstage beschloß, am 18. October nach Reims zu gehen. Das von den Paderborner Annalen und der Vita Theogeri übereinstimmend gegebene Datum des 24. Juni verdient am meisten Vertrauen, die Verhandlungen können sich dann bis zum 29. Juni ausgedehnt haben. Was den Ort betrifft, so muß in der Umgegend von Mainz der Reichstag gehalten sein; wahrscheinlich hatten sich die Fürsten und der Kaiser an verschiedenen Orten gelagert. Tribur war wohl der Sitz des Kaisers. Die villa Erstein oder Ecstein muß nicht weit von der Mündung des Mains in den Rhein gelegen haben.

[2]) Vergl. Ekkehard a. a. O.